Finito di stampare nel mese di dicembre 2010

GANGEMI EDITORE SPA – ROMA

ISBN 978-88-492-2027-8

L'ARCHITETTURA ITALIANA PER LA CITTA' CINESE
Italian Architecture for chinese City

a cura di
Renato Capozzi, Francesco Menegatti, Dina Nencini, Federica Visconti

GANGEMI EDITORE

L'ARCHITETTURA ITALIANA PER LA CITTA' CINESE

Italian Architecture for chinese City

Mostra 06.12.2010 - 08.01.2011
presso le sale dell'Accademia Nazionale di San Luca

a cura di / *edited by*
Franco Purini e Uberto Siola

promossa da / *promoted by*
Accademia Nazionale di San Luca
Presidente Nicola Carrino

con l'alto Patrocinio de / *under the patronage of*
Ministero per gli Affari Esteri

Catalogo e comitato organizzativo della mostra

a cura di / *edited by*
Renato Capozzi, Francesco Menegatti,
Dina Nencini, Federica Visconti

Sommario

ARCHITETTURA ITALIANA PER LA CITTÁ CINESE

ITALIAN ARCHITECTURE FOR CHINESE CITIES

Designs for Ling Gang_Tianjin
edited by Franco Purini e Uberto Siola
Expo Shanghai 2010_Padiglione Italia_2010, September 21 - 30

Nicola Carrino
Presentazione

Al termine del mio mandato presidenziale, sono lieto presentare nella sede accademica gli elaborati costituenti la mostra "L'Architettura italiana per la Città cinese", già allestita nel Padiglione Italia all'Expo di Shangai 2010.
La manifestazione, riconosciuta nell'alto Patrocinio del Ministero degli Affari Esteri e coordinata dall'Accademia Nazionale di San Luca, in accordo con il Commissariato di Governo per l'Expo di Shanghai 2010, con il supporto dell'Istituto nazionale per il Commercio Estero, ICE, a cura degli architetti Franco Purini e Uberto Siola, vede la partecipazione di dieci architetti accademici e di quattro architetti invitati dai curatori, oltre la mia collaborazione come scultore al progetto Siola/Carrino.
L'invito a partecipare alla mostra, esteso a tutti componenti la Classe accademica di Architettura, auspicava la totale adesione al progetto degli accademici architetti che, invitando a loro volta alla partecipazione collaborativa gli accademici pittori e scultori, intendeva porre in atto quel momento di corrispondente operatività tra le arti, in accordo a quanto l'Aequa Potestas accademica ispira nel comune fondare le arti sul disegno.
La contenuta attuazione in tal senso, determinata dai limitati tempi esecutivi nel periodo agostano, non ha però impedito esplicare, nella qualità prodotta, il principio partecipativo desiderato. Principio che ancora può proporsi in continuità di successive iniziative, coinvolgendo le Classi accademiche in progetti unitari che interessino la fruizione collettiva dei contesti costituenti la città.
In tanto trova verifica l'ulteriore elaborazione dei progetti presentati, nel tempo di intercorrenza tra le due esposizioni.
In tanto trova riscontro la dialettica di pensiero espressa tra le due culture, italiana e cinese, negli incontri all'Università di Tongji e nel Convegno "L'architettura italiana e la città" svolto nel padiglione nazionale dell'Expo. Dialogo che con questa mostra può così trasferirsi in ambito italiano, per produrre, laddove evenienti, soluzioni di definizioni urbane complesse, rispetto alle necessità ecologiche e delle nuove tecnologie, nell'idea della "Better city Better life" auspicata all'Expo dalle proposte italiane per la città del futuro. Questioni che si pongono oggi come doverosamente necessitanti.
Nell'auspicio, quindi, di prossime occasioni accademiche, al saluto inaugurale della mostra, ringrazio vivamente gli organismi ufficiali di Governo e di rappresentanza, italiani e cinesi, che in modo encomiabile ci hanno accolto a Shanghai e sostengono oggi la nostra manifestazione, gli accademici architetti e gli architetti invitati che hanno elaborato i progetti, i curatori della mostra, il comitato organizzativo e quanti a vario titolo si sono direttamente impegnati nella realizzazione della mostra e del catalogo, a testimonianza futura di tale operosità.

Nicola Carrino
Presentation

At the end of my presidency, I am pleased to present the works of the "Italian Architecture for chinese Cities" exhibition in the academic centre. The exhibition was already set up in the Italian Pavilion at Expo 2010 Shanghai.
The event is held under the high patronage of the Ministry of Foreign Affairs and coordinated by the Accademia Nazionale di San Luca, in agreement with the government commissioner for Expo 2010 Shanghai, and the support of the National Institute for Foreign Trade, ICE, and organised by the architects Franco Purini and Uberto Siola. It also sees the participation of ten architecture academics and four architects invited by the organisers, as well as my collaboration as a sculptor on the Siola/Carrino project.
The invitation to participate in the exhibition, extended to all members of the Faculty of Architecture, called for total commitment to the project by the architecture academics. Painting and sculpture academics were also invited to participate. The aim was to set up a moment of correspondence between the arts, just as the academic Aequa Potestas inspires the shared founding of art in design.
The quality of the product and desired objective of the exhibition was not adversely affected by the limited working time available in August. This is an objective which can be used in subsequent initiatives involving academics in joint projects utilising the collective contexts which the city is made up of.
Further elaboration of the projects presented will occur in the time between the two exhibitions.
An eloquence can be seen in the thoughts expressed between the two cultures, Italian and Chinese, expressed in meetings at the University of Tongji and at the conference on "Italian Architecture and the City" held at the national pavilion of the Expo. It is a dialogue which could be transferred to Italy, to produce solutions to complex urban definitions, in tune with ecological requirements and new technologies, in the sense of a "better city better life" as advocated by the Italian proposals at the Expo for the city of the future. Questions which are highly needed today.
In the expectation, then, of the next academic occasions, at the inauguration of the exhibition, I extend my thanks to the official bodies and representations of the government, both Italian and Chinese who have welcomed us so warmly to Shanghai today and who support our event - the invited architecture academics and architects who drew up the plans, the curators of the exhibition, the organising committee and all those, who in various capacities are directly involved in the setting up of the exhibition and drawing up of the catalogue, contributing to future work.

Prof. Beniamino Quintieri
Commissario Generale del Governo per l'Esposizione Universale di Shanghai 2010

Sin dalla loro nascita, le Esposizioni Universali sono state lo specchio della visione di progresso del sistema economico mondiale. In origine, tale obiettivo veniva esplicitato attraverso rappresentazioni tese a celebrare la capacità dell'ingegno umano nel superare ogni vincolo che la natura gli poneva di fronte.
L'Esposizione cinese è stata la più straordinaria mai realizzata sull'urbanizzazione, e ha lanciato al mondo, Italia compresa, una sfida cruciale: quale modello di città si può immaginare in un prossimo futuro?
L'Italia ha colto questa sfida interpretando un Padiglione che sa di "città del futuro", intitolato "La città dell'uomo", in cui l'uomo torna ad essere protagonista, dove il concetto di vivibilità assume un ruolo predominante. Un edificio che ha utilizzato nuovi materiali eco-compatibili, rispettosi dell'ambiente, proiettati verso il futuro.
Del resto, il tema stesso dell'Expo lanciava questa sfida. Un Padiglione che è subito assurto a simbolo del saper fare italiano rinnovando così nell'immaginario dei visitatori la tradizione dell'architettura espressa dall'Italia. Ed è stata sicuramente l'architettura una delle chiavi di lettura privilegiate dove ricercare nuovi germogli di fiducia del futuro. Un futuro in grado di immaginare le nuove comunità, le better cities e la sua better life in rapporto con il territorio e con il mondo.
Per questo abbiamo voluto dedicare un intero mese della partecipazione italiana all'Expo di Shanghai proprio all'architettura. Nel mese di settembre, architetti e studiosi internazionali si sono confrontati sulle sfide dell'eco-compatibilità e dell'eco-sostenibilità. Nello stesso mese abbiamo ospitato la mostra "L'Architettura italiana per la Città cinese": un esempio concreto di quanto l'Italia possa dire e fare per spostare più in là l'orizzonte di un futuro in cui la ricerca di nuovi materiali ecosostenibili all'architettura, gioca un ruolo decisivo.
 Se qualcosa rimarrà di questa Expo dei record sarà anche l'immenso capitale umano e conoscitivo, che ha avuto modo di confrontarsi nel Padiglione italiano su temi attuali e urgenti, quali quelli ispirati dal tema generale dell'Expo, "Better city, Better life". Il successo della nostra partecipazione sarà ancora più importante se anche grazie alle nostre proposte, l'idea di una città e di una vita migliore sarà più chiara e realizzabile.
Credo che in nessun luogo al mondo oggi più che in Cina ci si stia ponendo il problema della necessità di progettare delle città armoniche. Città ideali studiate fin dal principio per l'uomo. Città che non smettono mai di sorprendere, mescolando da sempre con equilibrio economia, capolavori architettonici, benessere, gusto, rispetto ambientale. Una città 'tipo' che l'Italia, più di altri, è in grado di proporre con forza, perchè è proprio il nostro Paese e il nostro passato il punto da cui cominciare a guardare per trovare ispirazione.
 La nostra architettura è in grado di fornire le risposte giuste e ringrazio per questo gli architetti Franco Purini e Uberto Siola, curatori della mostra sull'architettura italiana per la città cinese che è stata l'occasione per condividere idee e progetti con i nostri amici cinesi e far capire loro che quello cui mirano - una città più armonica è la nostra città.

Prof. Beniamino Quintieri
Commissioner General for World Expo Shanghai 2010

Since their beginnings, the Universal Expositions have been a reflection of the vision of progress of the global economic system. Originally, this objective was expressed through representations designed to celebrate the ability of human genius to overcome any constraints that nature placed in front of them.
The Chinese exhibition has been the most extraordinary event ever organised on urbanisation, and has set a crucial challenge to the world, including to Italy - which city model can you imagine in the future?
Italy took up the challenge, setting up a pavilion on the "city of the future", entitled "The City of Man," in which man becomes the main character, where the concept of living plays a leading role. A building which used new eco-friendly materials, environmentally friendly, forward-looking.
Moreover, it was the theme of the Expo itself which launched this challenge. A pavilion that has now become a symbol of Italian know-how, thus renewing traditional Italian architecture in the imagination of visitors. And architecture was certainly one of the keys to sowing new seeds of confidence for the future. A future in which it is possible to imagine new communities, better cities and a better life in relationship with the country and the world.
This is why we wanted to dedicate a whole month of the Italian participation in the Shanghai Expo to architecture. In September, architects and international experts met to discuss the challenges of eco-friendliness and eco-sustainability. In the same month we hosted the exhibition "Italian Architecture for chinese Cities", which was a concrete example of what Italy can say and do to move beyond a future in which the search for new eco-sustainable materials plays a decisive role in architecture.
If something remains in people's memories from this Expo it will be the immense amount of human capital and knowledge which have met in the Italian pavilion regarding current and urgent issues, such as those inspired by the general theme of the Expo, "Better city, Better life". The success of our participation will be even more important if, thanks to our proposals, the idea of a city and a better life will become clearer and more achievable.
I believe that nowhere in the world today more than in China, we're raising the question of the need to design harmonious cities. Ideal cities studied from the beginning for man. City that never cease to surprise, always mixing a balanced economy, architectural masterpieces, wellness, taste, respect for the environment. Italy is, more than others, capable of a strong proposal for a 'type' city because it is in our Country and in our past the point where to start looking for inspiration.
Our architecture is able to provide the right answers and I thank for this architects Franco Purini and Uberto Siola, curator of exhibition about Italian architecture for chinese cities that was an opportunity to share ideas and projects with our Chinese friends and make them understand that what they seek - a more harmonious city - is our city.

Amb. Umberto Vattani
Presidente dell'Istituto nazionale per il Commercio Estero - ICE

Mi fa molto piacere che l'Accademia San Luca – una delle più prestigiose e antiche istituzioni che fin dal '600 promuove le Arti e l'Architettura - abbia voluto partecipare in maniera così marcante all'Expo di Shanghai con una Mostra - L'Architettura italiana per la Città cinese - che mette in valore il sapere italiano in materia. Grazie a Franco Purini, curatore della Mostra insieme a Uberto Siola sono stati esposti, non solo nel Padiglione italiano ma anche nella prestigiosa Università di Tongji, progetti che mettono in evidenza le nuove tendenze dell'architettura e i nuovi materiali: avanguardia stilistica e tecnica in cui l'Italia si è sempre distinta.
L'ICE per parte sua ha organizzato Seminari sui temi dell'Architettura, Urbanistica, Design e Ecosostenibilità tanto nel Padiglione italiano dell'Expo che presso la Tongji University.
Ci è sembrato indispensabile che Architetti italiani e cinesi si confrontassero per fare emergere nuove soluzioni per la città del terzo millennio con particolare attenzione al tema dello sviluppo ecosostenibile. La partecipazione italiana e cinese è stata ai massimi livelli.
Il panel italiano, riuniva il meglio che il nostro Paese può offrire per ciascun settore. Non è un caso che per l'Architettura ci fosse proprio l'Accademia di San Luca capitanata dal Presidente Nicola Carrino sapientemente affiancato da Franco Purini, Uberto Siola, Claudio D'Amato e Augusto Cagnardi; per il Design, Aldo Cibic, Filippe Daverio, Marino Folin; per l'Urbanistica Marco Romano, Mario Cucinella, Amedeo Schiattarella; per l'Ecosotenibilità Joseph Di Pasquale, Cesare Maria Casati, Giampiero Cuppini e Maria Grazia Tampieri.
Tra i relatori cinesi, sono intervenuti autorevoli professori dell'Università di Tongji quali Zheng Shi Ling, Wu Zhiqiang, la Signora Lou Yong Yi, Zhang Jan Long, Lou Yong Qi e architetti prestigiosi come il vice Direttore della progettazione della Shanghai Eco House per l'Expo 2010 Fan Yi Fei.
Abbiamo così avviato un dibattito intorno a un modello di sviluppo per le città del terzo millennio, l'unico capace di traghettare nel futuro uno stile di vita che tutti ci invidiano. Esso è intimamente legato alle nostre città tanto da essere il cemento che ne tiene insieme i mattoni.
Non è stato facile trovare una formula che fosse al tempo stesso accattivante e efficace. Per noi italiani il legame tra qualità della vita e contesto urbano è intuitivo: siamo educati fin da piccoli a uno stile di vita che da adulti apprezziamo in tutte le sue sfaccettature. Si tratta di un apprendimento quotidiano, per osmosi con l'ambiente che ci circonda, con le piazze che attraversiamo, con i luoghi di incontro in cui ci intratteniamo, con le persone che ogni giorno incrociamo per strada. Più difficile invece rendere esplicita questa intuizione per offrirla agli amici cinesi.
Crediamo di esserci avvicinati molto all'obiettivo anche grazie a tre Mostre: "Italia delle città", installazione multimediale di Peter Greenaway all'interno del Padiglione Italia curata da Uberto Siola e che condensa oltre 2000 anni di storia architettonica e urbanistica del nostro Paese; "Piazze di Roma" al Museo di Arte Contemporanea di Shanghai che ha sottolineato il valore della piazza quale elemento culturale oltre che architettonico; "Disegno e Design" all'Università di Tongji che ha consentito di ribadire il concetto di radicamento della creatività italiana nella tradizione, una condizione dell'anima a cui si associa da sempre, fin dai tempi delle botteghe artigiane, il lavoro quotidiano dei nostri Maestri d'Arte, costantemente alla ricerca di soluzioni originali e sorprendenti.
Altrettanto originali e sorprendenti sono i progetti raccolti in "L'Architettura Italiana per la Città cinese": tanti progetti per un ideale di città del futuro che viene da lontano, da quella Città ideale magistralmente raffigurata da un anonimo fiorentino assurta a emblema del Rinascimento italiano a cui tanto dobbiamo.

Dalla A alla Z gli Architetti dell'Accademia con i loro progetti:
ALESSANDRO ANSELMI ha proposto un richiamo alla città del passato che si fonde nelle categorie delle metropoli contemporanee quali grande scala, dimensione verticale degli edifici e grandi infrastrutture.

Amb. Umberto Vattani
President of the National Foreign Trade - ICE

I am very pleased that the Accademia San Luca - one of the oldest and most prestigious institutions which has been promoting the arts and architecture since the '600s - wanted to participate in such a significant way in the Shanghai Expo with an exhibition -Italian Architecture for Chinese Cities - which places great value on Italian knowledge. Thanks to Franco Purini, organiser of the exhibition along with Uberto Siola, projects were exhibited, not only in the Italian pavilion, but also in the prestigious University of Tongji - projects that highlight the new trends in architecture and new materials: cutting-edge style and technique which Italy has always excelled in.
The ICE, for its part has organised seminars on the themes of architecture, urban planning, design and environmental sustainability both in the Italian Pavilion at the Expo and at the University of Tongji.
We felt it was vital that Italian and Chinese architects exchanged views to discover new solutions for the city of the third millennium, paying particular attention to the issue of sustainable development. The Chinese and Italian participation was the highest level.
The Italian panel brought together the best our country has to offer in each area. It is no coincidence that for architecture the Accademia di San Luca was present, headed by President Nicola Carrino and skillfully flanked by Franco Purini, Uberto Siola, Claudio D'Amato and Augusto Cagnardi. For design there were Aldo Cibic, Filippe Daverio, Marino Folin. For urban planning, Marco Romano, Mario Cucinella, Amedeo Schiattarella and for eco-sustainability, Joseph Di Pasquale, Cesare Maria Casati, Giampiero Cuppini and Maria Grazia Tampieri.
Among the Chinese speakers were prominent professors from the University of Tongji, such as Zheng Shi Ling, Wu Zhiqiang, Mrs Lou Yong Yi, Zhang Jan Long, Lou Yong Qi and prestigious architects such as the deputy director of design for the Shanghai Eco House, Fan Yi Fei for Expo 2010.
We thus initiated a debate on a development model for cities of the third millennium, one capable of creating a future lifestyle that we all envy. This is so intimately linked to our cities that it is like the cement that holds the bricks together.
It was not easy to find a formula that was both engaging and effective. For us Italians, the link between quality of life and urban life is intuitive. We are taught about a lifestyle from childhood that we appreciate as adults in all its forms. We learn by osmosis everyday with the environment which surrounds us, the squares that we cross, meeting places where we entertain, with the people we meet in the street every day. It is more difficult to express this intuition to our Chinese friends.
We believe we have come very close to this thanks to three exhibitions: "Italia delle città" (Italy of the Cities), a multimedia installation by Peter Greenaway in the Italian Pavilion, organised by Uberto Siola which includes more than 2000 years of architectural and urban history from our country; "Piazze di Roma" (Squares of Rome) at the Museum of Contemporary Art in Shanghai that underlined the value of the square as a cultural as well as an architectural element. "Disegno e Design" (Plan and Design) at the University of Tongji has reiterated the concept of roots in the tradition of Italian creativity, a condition of the soul, which has always been associated, since the time of craft workshops with the daily work of our art masters, always looking for original and surprising solutions.
Equally original and surprising are the projects gathered in "Italian Architecture for chinese Cities". There are many plans for an ideal city of the future that comes from afar, from the ideal city masterfully portrayed by an anonymous Florentine which rose to become an emblem of the Italian Renaissance which we owe so much to.

The architects of the Accademia and their projects from A to Z:
ALESSANDRO ANSELMI proposed a reminder of the city of the past merged with elements of contemporary cities such as large scales, vertical dimensions of buildings and large-scale infrastructure.

SALVATORE BISOGNI si è concentrato sul valore dell'identità culturale quale fondamenta per la costruzione della città. Attinge alla storia e alla classicità in maniera originale secondo un procedimento razionalizzazione e sintesi.

ENRICO BORDOGNA ha sviluppato un progetto secondo un orientamento ortogonale rispetto alla costa così da mantenere il verde e gli insediamenti agricoli che caratterizzano il territorio dimostrando grande sensibilità per uno sviluppo equilibrato. L'impianto ripropone grandi insediamenti a maglia quadrata.

GIANNI BRAGHIERI, ha utilizzato invece grattacieli quali simbolo delle città contemporanee e propone un'ipotesi che da sempre caratterizza l'idea di città come assemblaggio.

MASSIMO CARMASSI propone sequenze serrate di torri residenziali, che sono tenute insieme nella sommità da collegamenti: grandi figure geometriche fortemente connotate. Lo spazio che delimitano ha il carattere degli spazi aperti e delle piazze europee. Ancora un richiamo alla nostra storia urbanistica.

CLAUDIO D'AMATO immagina un insediamento che si affaccia su un grande bacino d'acqua e lo delimita richiamando il modello urbano dei Lungomare dell'inizio del XX secolo: un chiaro rinvio al Palazzo all'italiana.

PIETRO DEROSSI organizza la città per grandi poli urbani, ogni polo con una sua identità e ampie aree verdi tra l'uno e l'altro.

ANTONIO MONESTIROLI costruisce il suo progetto sull'idea di parchi, verde pubblico e giardini privati: una sorta di città giardino in cui il rapporto con la natura è primario.

ADOLFO NATALINI colpisce per l'espressività nel disegno dell'insediamento e la forte dimensione costruttiva.

FRANCO PURINI suggerisce un impianto elegante, chiaro e razionale in equilibrio tra dimensione orizzontale del costruito e verticalità delle torri che ne delineano l'immagine e l'identità. Un esempio luminoso delle nuove tendenze dell'architettura italiana.

LUCIANO SEMERANI immagina un grande parco urbano nel quale si realizza la città: Tianjin come germe per la diffusione di migliori standard abitativi.

Il napoletano UBERTO SIOLA esamina le questioni principali su cui riflette il gruppo di progettazione: la grande dimensione, l'autonomia e l'identità delle parti che definiscono nella loro individuazione la città come a "tranquille immagini della storia".

NICOLA CARRINO, lavora con Siola e inserisce grandi sculture urbane nelle piazze. Le definisce: "Forme urbane significanti nel richiamo in elevazione alla Porta e al Tempio"

LAURA THERMES cerca un ambizioso connubio tra l'estensione infinita della città cinese e i modelli dei piccoli centri italiani: nove "zolle" urbane che riprendono gli antichi insediamenti costeggiati da canali, un sistema di frammenti liberamente disposti.

PAOLO ZERMANI avanza l'idea di un intervento compatto definito da una maglia ortogonale di 90 x 90 metri lineari: un grande quadrato. Verso sud l'impianto si sfalda e si scompone verso il lago in cui verde pubblico e edifici tendono a un ideale fusione con la natura.

Questi modelli sono stati visitati da quanti si sono recati nel Padiglione italiano ma sicuramente sono stati molto apprezzati dagli Architetti e dagli Studenti dell'Università di Tongji che hanno potuto constatare quanto sia vivace il dibattito in Italia sui temi dell'Urbanistica e dell'Architettura e quanta ricerca sia portata avanti dall'Accademia di San Luca e dalle nostre Università.

SALVATORE BISOGNI has focussed on the value of cultural identity as a foundation for the construction of the city. He draws on history and classicism in an original way according to a process of rationalisation and synthesis.

ENRICO BORDOGNA has developed a project in a perpendicular direction to the coast so as to maintain green areas and the agricultural settlements that characterise the area, showing great sensitivity for balanced development. The structure proposes large settlements made from square mesh.

Another architect, GIANNI BRAGHIERI, instead used skyscrapers as symbols of contemporary cities and proposed a hypothesis that has always characterised the idea of cities as an assembly.

MASSIMO CARMASSI proposes closed series of residential towers, held together by links at the top: large strong geometric figures. The space they edge has open spaces and squares as in Europe. They are another reminder of our urban history.

CLAUDIO D'AMATO imagines a settlement that overlooks a large pool of water, and whose surroundings invoke the urban model of the promenades from the beginning of the twentieth century - a clear reference to Italian-style palaces.

PIETRO DEROSSI organises the city into major urban centres, each centre with its own identity and extensive green areas between it and the others.

ANTONIO MONESTIROLI constructs his project with the idea of parks, public green spaces and private gardens, a sort of garden city where the relationship with nature is of primary importance.

ADOLFO NATALINI impresses with the expression shown in the design of the site and the strong constructive dimension.

FRANCO PURINI suggests an elegant structure, with a clear and rational balance between the horizontal dimensions of the construction and the vertical nature of the towers that delineate its image and identity. A shining example of new trends in Italian architecture.

LUCIANO SEMERANI imagines a large urban park in which the city is built: Tianjin is envisaged as a seed for the dissemination of improved standards of living.

UBERTO SIOLA examines the main issues which the design team considers: large size, autonomy and identity of the parts that define the city in their characterisation as "peaceful images of history."

NICOLA CARRINO is working with Siola and suggests including large urban sculptures in the squares. He defines them as: "Urban forms significant in recalling the elevation of the door and the temple"

LAURA THERMES seeks an ambitious combination of the infinite extent of Chinese cities and models of small Italian towns: nine "plates" that reflect the ancient urban settlements lined by channels, a system of freely arranged fragments.

PAOLO ZERMANI puts forward the idea of a compact intervention defined by a compact orthogonal grid of 90 x 90 linear meters, a large square. To the south the system breaks up and separates towards the lake where public parks and buildings merge with nature.

These models have been seen by those who have visited the Italian Pavilion, but have also been appreciated by architects and students of the University of Tongji who were able to see how lively the debate is in Italy on the theme of architecture and planning and how much research is carried out by the Accademia di San Luca and our University.

Carlo Ferri
Capo del Protocollo del Padiglione Italia per L'Esposizione Universale di Shanghai 2010

Tianjin (天津), città costiera del Nord della Cina, situata a poco più di cento chilometri dalla capitale è una delle quattro municipalità di livello provinciale del paese[1]. Città storica, che ospita un importante patrimonio architettonico coloniale, Tianjin è oggi al centro di una delle politiche di sviluppo urbano più importanti in Cina: la creazione della Nuova Zona di Binhai (滨海新区). Promosso inizialmente dalle autorità locali, questo progetto è diventato nel 2005 d'interesse nazionale per lo sviluppo dell'intero paese. La città ha pertanto vissuto negli ultimi anni una rinascita economica ed urbana senza precedenti.

La creazione della Nuova Zona di Binhai e la riqualificazione territoriale dello spazio metropolitano rappresenta, in realtà, la conseguenza delle politiche di riforma e d'apertura introdotte alla fine degli anni settanta da Deng Xiaoping (邓小平 1904-1997). Tali politiche hanno trasformato radicalmente il sistema urbano del paese negli ultimi trenta anni e modellato la società cinese contemporanea.

Durante gli anni ottanta, le politiche di riforma hanno particolarmente favorito il sud della Cina, attraverso la creazione della zona economica di Shenzhen (深圳) in prossimità di Hong Kong e Canton. Shenzhen ha attirato, nel corso degli anni, investimenti stranieri permettendo lo sviluppo economico e la crescita urbana di tutta la regione. Negli anni novanta il processo di riforma ha guadagnato il centro della Cina, attraverso lo sviluppo della Nuova Zona di Pudong (浦东新区) a Shanghai. La crescita economica, di queste due regioni, ha prodotto un'importante urbanizzazione delle città costiere cinesi. Tuttavia, il processo ha creato uno squilibrio fra Sud e Nord del paese oltre ad una mancanza di sviluppo armonico dei centri urbani.

Le autorità nazionali vedono nel progetto di Binhai a Tianjin la chiave per il riequilibrio del sistema urbano ed economico del paese. Inoltre, la prossimità territoriale con Pechino è particolarmente favorevole allo sviluppo congiunto delle due metropoli[2]. L'ampliamento del porto di Tianjin, ad esempio, rafforzerà la capitale e l'economia di tutta la regione. Il Nord potrà recuperare il ritardo accumulato sul resto del paese, sperimentando nuove vie ed affermando la centralità, non solo politica ma anche economica di Pechino. Tianjin si è quindi trasformata, nel corso degli anni, in un laboratorio per la sperimentazione nei più svariati campi, un punto d'incontro per la contaminazione del pensiero architettonico ed urbanistico internazionale.

La mostra "L'Architettura italiana per la Città cinese" curata dall'Accademia Nazionale di San Luca riguardo allo studio di una riorganizzazione urbanistica del distretto di Ling Gang a Binhai e ospitata all'interno del Padiglione Italia all'Esposizione Universale di Shanghai 2010, rappresenta un contributo della scuola italiana alla discussione sul tema. All'elaborazione dei progetti hanno partecipato alcuni fra i maggiori architetti italiani. L'iniziativa acquisisce un particolare valore perché inaugurata in occasione del ciclo di conferenze e dibattiti "Design, architettura e urbanistica: proposte per la città del futuro", che si è svolto all'Università di Tongji e nel Padiglione Italia dal 19 al 22 settembre 2010.

Durante i sei mesi dell'esposizione, gli organizzatori cinesi hanno invitato i partecipanti stranieri a riflettere sul rapporto fra città e qualità della vita dell'individuo, chiedendo di declinare il tema "better city, better life". L'esposizione Universale ha rappresentato il palcoscenico ideale per la mostra dell'Accademia Nazionale di San Luca e ha permesso di far avanzare la riflessione sul tema. Quale direzione prende oggi la città cinese? È possibile preservare la dimensione dell'individuo nelle megalopoli contemporanee? Come l'esperienza italiana può contribuire al loro sviluppo? Queste sono alcune delle questioni sollevate dall'iniziativa e rappresentano per la Cina e in maniera generale per la comunità internazionale l'inevitabile punto di partenza per immaginare la città del futuro.

1 Pechino, Shanghai, Tianjin e Chongqing sono le quattro metropoli cinesi di livello provinciale, status che garantisce alle autorità locali di gestire risorse finanziare e potere decisionale importante riguardo alle politiche di gestione del territorio.
2 Importanti infrastrutture sono state costruite negli ultimi anni, come il treno ad altissima velocità che connette le due metropoli in 25 minuti.

Carlo Ferri
Head of Protocol of the Italian Pavilion for World Expo Shanghai 2010

Tianjin (天津), a city on the China's north coast, just over one hundred kilometres from the capital, is one of the country's four provincial municipalities[1]. Tianjin is an historical city that is home to an important colonial architectural heritage, and is now at the centre of one of the most important urban development policies in China: The creation of the New Area of Binhai (滨海新区). Initially promoted by the local authorities, this project became of national interest in 2005 for the development of the entire country. The city has thus enjoyed an unprecedented economic and urban renaissance in recent years.

The creation of the New Area of Binhai and the upgrading of the metropolitan area is actually the consequence of reform and opening policies introduced at the end of the 1970s by Deng Xiaoping (邓小平 1904-1997). These policies have drastically transformed the country's urban system in the last thirty years and have shaped modern Chinese society.

During the 1980s, reform policies were particularly favourable toward the South of China, through the creation of the economic area of Shenzhen (深圳) close to Hong Kong and Canton. Over the years, Shenzhen has attracted overseas investments, allowing the economic development and urban growth of the entire region. In the 1990s, the reform process turned to the centre of China, due to the development of the New Area of Pudong (浦东新区) in Shanghai. The economic growth of these two regions brought about large-scale urbanisation of the Chinese coastal areas. The process has, however, created an imbalance between North and South, and also a lack of harmonious development in the city centres.

The national authorities have identified the Binhai Project in Tianjin as being the key recreating a balance in the country's urban and economic system. Also, the proximity to Peking is favourable for the joint development of the two cities[2]. The expansion of Tianjin's port, for example, will also strengthen the capital and the economy throughout the region. The north will be able to recover its delay compared to the rest of the country, experimenting new paths and confirming Peking's political and economic centrality. Tianjin has been transformed, over the years, into a laboratory for various types of experiment, a meeting place for contamination of international architectural and urban-planning ideas.

The exhibition entitled "Italian Architecture for chinese Cities", organised by the Accademia Nazionale di San Luca on the study of urban reorganisation in the district of Ling Gang in Binhai, in the Italian Pavilion at the Shanghai Universal Exhibition 2010, is an Italian contribution to the discussion on this matter. Some of Italy's most important architects have taken part in the projects. The initiative takes on a special value as it was inaugurated during the series of conferences and debates on "Design, architecture and urban-planning: proposals for the city of the future" that was held at the University of Tongji and in the Italian Pavilion from 19-22 September 2010.

During the six months of the exhibition, the Chinese organisers invited overseas participants to reflect on the relationship between cities and a person's quality of life, asking them to elaborate on the subject "better city, better life". The Universal Exhibition was the ideal stage for the Accademia Nazionale di San Luca exhibition and allowed considerations on this subject to be pursued. Which direction is the Chinese city taking today? Is it possible to preserve an individual's dimension in modern Megalopolis-like cities? How can Italian experience contribute towards their development? These are some of the matters raised by the initiative, which are an unavoidable starting point for imagining the city of the future, for both China and the international community in general.

---

1 Beijing, Shanghai, Tianjin and Chongqing are the four Chinese cities at the provincial level, a status that ensures local authorities to manage financial resources and decision-making on important land management policies.
2 Significant infrastructure has been built in recent years, such as high-speed train that connects the two cities in 25 minutes.

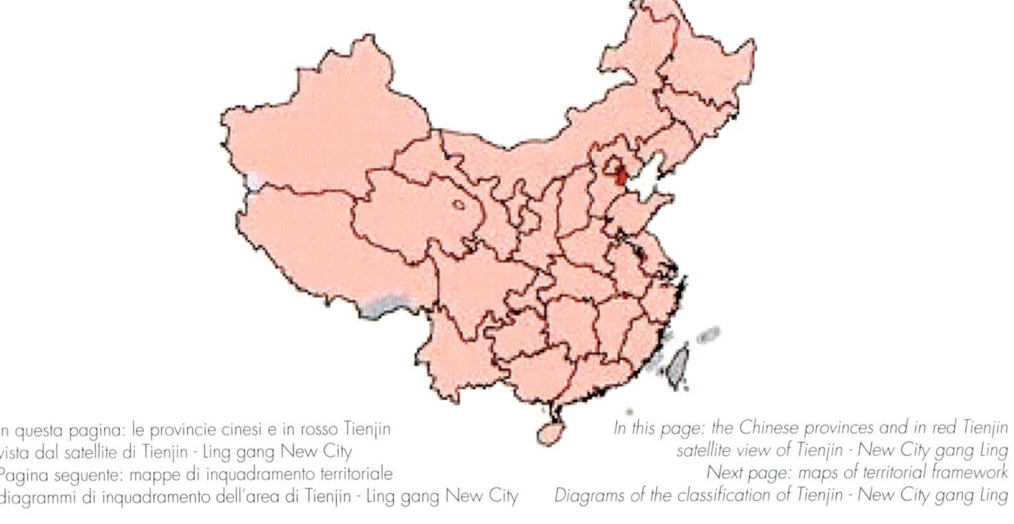

In questa pagina: le provincie cinesi e in rosso Tienjin
vista dal satellite di Tienjin - Ling gang New City
Pagina seguente: mappe di inquadramento territoriale
diagrammi di inquadramento dell'area di Tienjin - Ling gang New City

In this page: the Chinese provinces and in red Tienjin
satellite view of Tienjin - New City gang Ling
Next page: maps of territorial framework
Diagrams of the classification of Tienjin - New City gang Ling

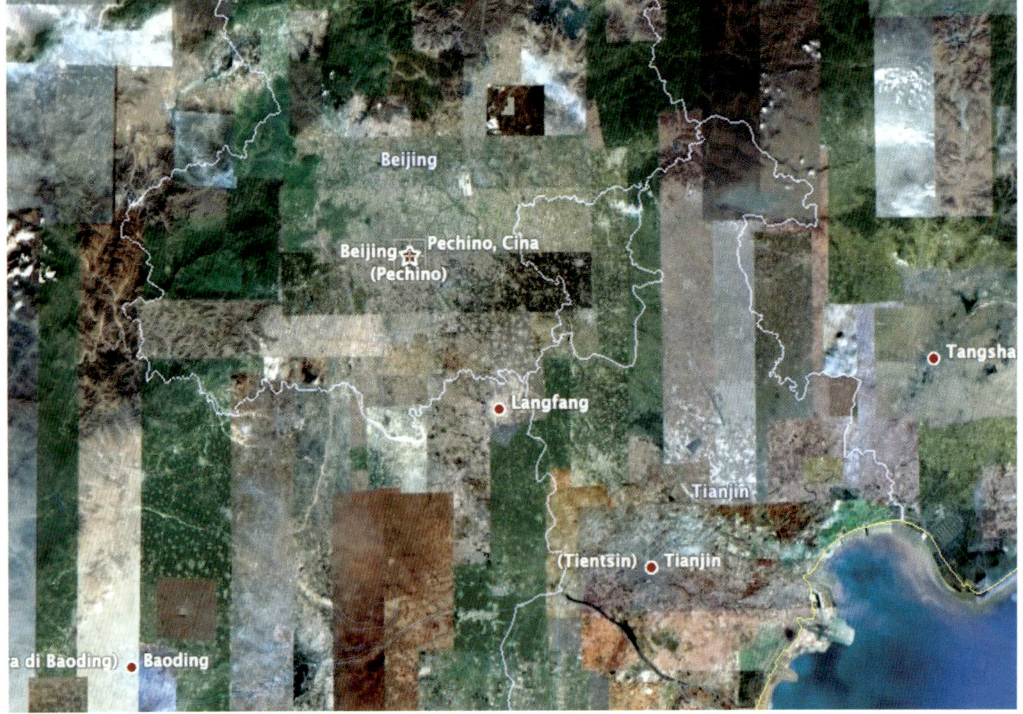

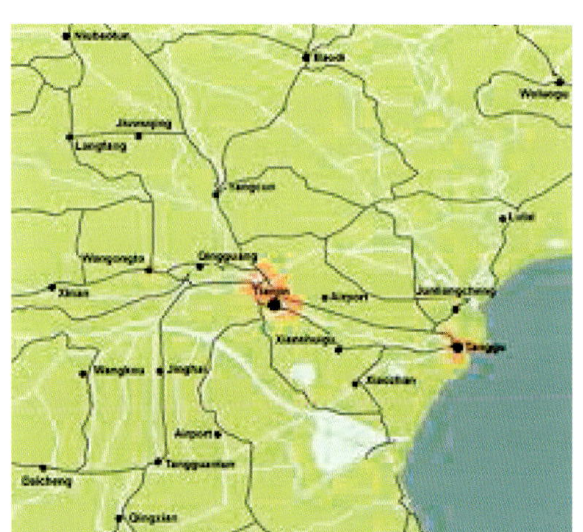

Niubaotun
Biaodi
Weikegu
Jiuwuejing
Langfang
Luhai
Yangcun
Wangsongto
Dingguang
Xinan
Tianjin
Airport
Junliangcheng
Tanggu
Xianshuigu
Wangkou
Jinghai
Xiazhan
Airport
Tangguantun
Baicheng
Qingxian

Xuanhua
BEIJING SHI
Changping
HEBEI
Tong Xian
Beijing
Langfang
TIANJIN SHI
HEBEI
Tianjin
Baoding
Bohai Wai

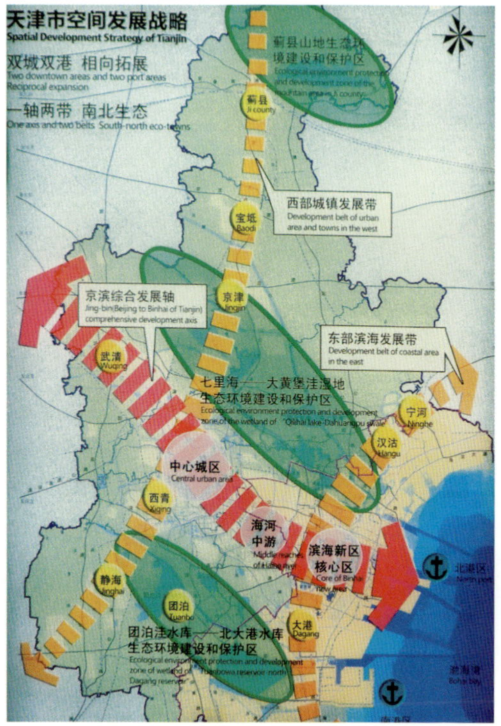

天津市空间发展战略
Spatial Development Strategy of Tianjin
双城双港 相向拓展
Two downtown areas and two port areas
Reciprocal expansion
一轴两带 南北生态
One axis and two belts South-north eco-terms
蓟县山地生态环境建设和保护区
Ecological environment protection and development zone of the mountain area in Ji county
蓟县
Ji county
西部城镇发展带
Development belt of urban area and towns in the west
宝坻
Baodi
京津
Jingjin
京滨综合发展轴
Jing-bin(Beijing to Binhai of Tianjin) comprehensive development axis
东部滨海发展带
Development belt of coastal area in the east
武清
Wuqing
七里海——大黄堡洼湿地生态环境建设和保护区
Ecological environment protection and development zones of the wetland of Qilihai lake-Dahuangpou Wa
宁河
Ninghe
汉沽
Hangu
中心城区
Central urban area
西青
Xiqing
海河中游
Middle reaches of Haihe river
滨海新区核心区
Core of Binhai new area
北港区
North port
静海
Jinghai
团泊
Yuanbo
大港
Dagang
团泊洼水库——北大港水库生态环境建设和保护区
Ecological environment protection and development zone of wetland of Tuanbowa reservoir north
渤海湾
Bohai bay

滨海新区发展战略
Development Strategy of Binhai New Area
一核双港 九区支撑 龙头带动
Binhai new area includes one center, two ports and nine functional zones, which will play a leading role of Tianjin.
临空产业区
Airport industry area
中新天津生态城
Sino-Singapore Tianjin eco-city
滨海高新区
Binhai high tech industry area
滨海旅游区
Coastal tourism area
先进制造业产业区
Advanced manufacturing area
海港物流区
Port logistics area
滨海新区核心区
Core of Binhai new area
中心商务区
Central business district
北港区
North port
临港工业区
Port industry area
南港工业区
Industry area of south port
南港区
South port

Ling Gang: la nuova espansione di Tianjin

L'Expo di Shanghai 2010 è dedicata ad un argomento oggi centrale, il rapporto tra la qualità della vita e quella degli insediamenti urbani. Nel momento in cui la popolazione che vive nelle città ha superato nel mondo quella che abita e lavora nelle campagne, il tema "Better City_Better Life" appare quanto mai attuale e urgente. Proprio per la grande importanza della questione affrontata dalla Expo, l'Accademia Nazionale di San Luca e il Commissariato italiano di Governo hanno promosso una Esibizione di idee-progetto per un comparto urbano all'interno del nuovo insediamento di Ling Gang New City, a Tianjin, città che si è dotata di un importante piano di sviluppo. L'area di progetto prescelta – una città media a confronto con l'esperienza europea - si inserisce nel piano della città lineare di Ling Gang, a sud di Tianjin, che nelle previsioni cinesi sarà destinata a diventare la terza città più importante della Cina innanzitutto come 'grande porta' commerciale del nord del paese. L'espansione/fondazione di Ling Gang conferma l'antica vocazione di Tainjin, sede di importanti concessioni straniere, tra cui quella italiana, e di uno dei più importanti porti del paese.

La nuova espansione programmata ed in avanzata fase di attuazione - che configurerà una nuova metropoli ben più ampia dell'attuale Tianjin - contiene una estesa città lineare, chiamata Ling Gang - 14 Km di lunghezza per 6/7 di larghezza - lungo la costa pacifica che prevede la costruzione di tre centralità urbane, un importante sistema di aree naturali di grande estensione, il tutto in stretta correlazione e connessione con l'estesa nuova città portuale: un enorme ampliamento del porto storico ottenuto sottraendo all'oceano una fascia di 'polder' di svariati chilometri quadrati. La nuova città, servita da un imponente sistema infrastrutturale, propone una diffusa presenza di grandi parchi e bacini d'acqua che determinano, per soluzione di continuità, le varie parti urbane che ne costituiscono l'ossatura. Attualmente è in corso di esecu-

zione un primo comparto dedicato al campus dell'Università ed agli uffici governativi.

All'interno di questo vasto e ambizioso programma, i curatori dell'esibizione, con l'ausilio del comitato organizzatore, hanno individuato un 'settore campione', analogo a quello in attuazione, che esemplificasse elementi e contenuti caratteristici e ricorrenti dell'impianto urbano della nuova città. Si tratta di una porzione di territorio di circa 6,3 Kmq definita da ampie arterie veicolari e linee ferroviarie e posta a cerniera tra la nuova città e l'espansione portuale; l'area di progetto risulta inoltre prospiciente ad un vasto lago artificiale di analoga estensione.

Agli architetti italiani è stato chiesto di proporre idee insediative, schemi, modelli o diagrammi nel rispetto di alcuni rapporti percentuali di "impegno" delle aree in relazione alle funzioni previste: residenza, edifici pubblici / direzionali / commerciali, strade, piazze, infrastrutture primarie ed aree verdi. L'Esibizione rappresenta, in definitiva, il contributo alla costruzione della città cinese contemporanea della cultura italiana che ha la sua specificità nel perseguire il recupero delle tradizioni identitarie delle culture locali coniugato con l'uso delle moderne tecnologie.

Una ipotesi culturale che intende fornire una possibile alternativa al modello megapolitano /globalizzato che rischia di fare scomparire i valori urbani delle culture locali. L'ipotesi di fondo che ha guidato la scelta è l'assunzione che quel particolare settore - se pur in scala ridotta - potesse contenere e proporre le problematiche urbane ed ambientali con le quali, in questi ultimi anni, la Cina si sta misurando, non sempre con una chiara impostazione teorica ed una metodologia unitaria. Le idee insediative, i modelli urbani proposti dagli architetti italiani vogliono costituire una interessante base per lo sviluppo del dibattito sul rapporto tra la qualità della vita e quella degli insediamenti urbani, nell'ambito del poderoso progresso dell'economia e della società cinese di questi anni.

1. planimetria generale di Tienjin - Ling gang New City
2. schema dei trasporti pubblici, 3. strade, 4. inquadramento dell'area di progetto

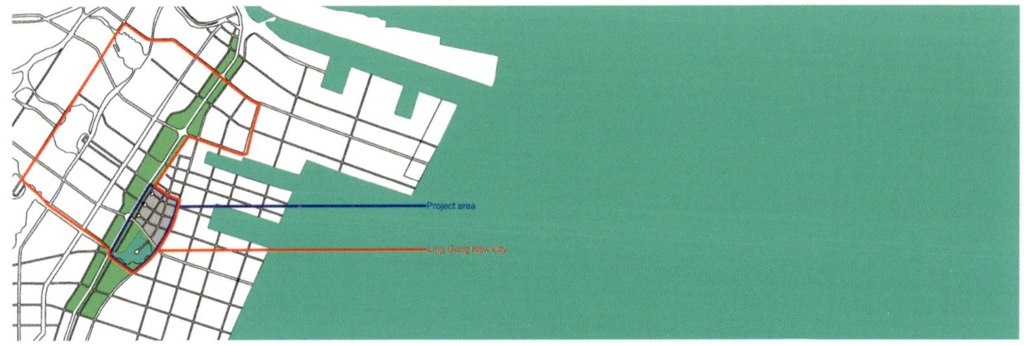

Indicazioni relative all'area di progetto e alla delimitazione della nuova città di Ling Gang. Area di progetto assegnata ai 14 architetti italiani

The Shanghai Expo 2010 is dedicated to a topic now central theme, the relationship between the quality of life and that of urban settlements. At a time when the population living in cities has exceeded the world that lives and works in the countryside, the theme "Better City_Better Life" is highly relevant and urgent. Precisely because of the great importance of the issue addressed by the Expo, the Accademia Nazionale di San Luca and the Commissioner of the Italian government have promoted the exhibition of project ideas for a urban settlement in the new city of New Gang Ling, in Tianjin, a city that has a major development plan.

The selected project area - an average city in comparison with European experience - is part of the plan of the linear city of Ling Gang, south of Tianjin, which in Chinese is expected to become the third largest city in China's first as the 'Great Gate' trade north of the country. Expansion / foundation Ling Gang confirms the ancient vocation of Tainjin, home to major foreign concessions, including the Italian, and one of the most important ports in the country.

The new expansion program and in an advanced stage of implementation - which sets up a new metropolis of the much broader Tianjin - contains an extensive linear city, called Ling Gang - 14 miles long and 6 / 7 wide - along the Pacific coast that involves the construction of three urban centers, an important system of natural areas of great extension, all in close relationship and connection with the extensive new port city, a huge expansion of the historic port obtained by subtracting the ocean a band of 'polder' of several square kilometers.

The new town is served by an impressive infrastructure system, suggests a widespread presence of large parks and ponds that determine, for continuity, the various parts of the city, which form the backbone. There is currently implementing a first fund dedicated to the campus of the University and government offices.

Within this vast and ambitious program, the curators of the exhibition, with the help of the Organizing Committee, have identified an 'industry standard', similar to that in implementation, and content elements that exemplify characteristic of the urban and recurrent the new city.

This is a part of land of about 6.3 square kilometers defined by wide roads and rail vehicle and placed at the hinge between the new town expansion port, the project area is also facing a vast artificial lake of the same extension.

Italian architects were asked to propose settlement ideas, plans, models or diagrams in respect of certain percentages of "commitment" of the areas in relation to its intended function: residential, public buildings and office / commercial, roads, squares, and primary infrastructure green areas.

The exhibition represents the ultimate contribution to the construction of contemporary Chinese city of Italian culture that has its specificity in pursuing the recovery of the identity of local cultures traditions married to the use of modern technologies.

One hypothesis that is intended to provide a cultural alternative to the model Megapolitics / globalization that threatens to get rid of the urban values of local cultures.

The assumptions that guided the choice is the assumption that that particular field - albeit on a reduced scale - could contain and bring the urban and environmental issues with which, in recent years, China is being measured, not always with a clear theoretical framework and a unified methodology.

The ideas of development, the urban models proposed by Italian architects want to be an interesting basis for the development of the debate on the relationship between the quality of life and the lives of urban settlements, as part of the mighty progress of Chinese society and economy of these years .

PROGETTI IN MOSTRA / *PROJECTS*

ALESSANDRO ANSELMI_ROMA
SALVATORE BISOGNI_NAPOLI
ENRICO BORDOGNA_MILANO
GIANNI BRAGHIERI_MILANO
MASSIMO CARMASSI_FIRENZE
CLAUDIO D'AMATO_BARI
PIETRO DEROSSI_MILANO
ANTONIO MONESTIROLI_MILANO
ADOLFO NATALINI_FIRENZE
FRANCO PURINI_ROMA
LUCIANO SEMERANI_VENEZIA
UBERTO SIOLA_NAPOLI/NICOLA CARRINO_ROMA
LAURA THERMES_ROMA
PAOLO ZERMANI_PARMA

ALESSANDRO ANSELMI, Roma
con Valentino Anselmi, Valerio Palmieri

I disegni che presentiamo non costituiscono in alcun modo un progetto compiuto di insediamento urbano quanto piuttosto alcune idee e proposte di aggregazioni edilizie sintetizzate in una nuova concezione della città.

Il problema che si pone è quello di salvare la città da se stessa e cioè dalla iper concentrazione dell'habitat, dalla sua immensa produzione di inquinamento, dal complesso isolamento del cittadino immerso in una infinita solitudine, da un consumo inutile di spazio e di tecnologie quasi sempre usate in modo inefficiente ed errato. Perché non usare il buon senso? Perché non limitare l'ingordigia produttiva?

Per raggiungere questi obiettivi non è necessario tornare alle immagini pittoresche della città del passato, basta usare con intelligenza ai fini di un disegno armonico della città anche le categorie tipiche della metropoli contemporanea quali la grande scala degli insediamenti e delle infrastrutture insieme alla dimensione verticale ormai divenuta "immagine archetipica" dei contemporanei aggregati urbani. In altre parole bisogna avere il coraggio di concepire la città in un "disegno" che vada oltre le semplici esigenze funzionali, tecniche ed economiche ma che contenga anche i principi della rappresentatività culturale dei cittadini e di conseguenza divenga soprattutto "simbolo" della comunità. Tuttavia, è a partire da una ragionevole concezione dei modelli tipologici e un uso, senza enfasi retorica, delle nuove tecnologie per la produzione e il risparmio di energia che sarà possibile progettare con intelligenza ed equilibrio nuovi agglomerati urbani.

Proponiamo qui di seguito alcuni principi su cui riflettere:
- Massima integrazione fra le diverse tipologie. Abitazioni, uffici, spazi commerciali, spazi per la cultura, per il tempo libero, ecc. distribuiti armonicamente sul territorio urbano senza alcuna netta separazione tra loro.
- Accettando gli edifici a grande scala verticale utilizzare anche in questo caso l'integrazione tipologica.
- In contrapposizione alla verticalità immaginare corpi di fabbrica di modeste dimensioni in altezza, dai tre ai sei piani al massimo.
- Disegnare i corpi di fabbrica secondo un andamento, grosso modo, est-ovest in modo da avere facciate esposte a Sud. Questo permette lo sfruttamento massimo dell'energia solare.
- La città concepita nel verde con ampie zone a giardini e parchi e con quantità arboree in grado di bilanciare l'inquinamento generato dalle attività umane.
- Le facciate degli edifici disegnate con ampie logge e balconi con funzione anche di supporto a filtri vegetali.
- Preferenza ai trasporti collettivi nelle grandi distanze.
- Lo schema della viabilità privata immaginato come griglia di selezione e di ripartizione del traffico piuttosto che pura separazione.

Questi principi, tuttavia, non sono sufficienti se non costituiscono la base per una ricerca di una forte identità linguistica. Identità mutevole, perché si tratta di un insieme urbano e non di una singola architettura, ma al tempo stesso resistente al flusso della storia come canne di bambù al vento.

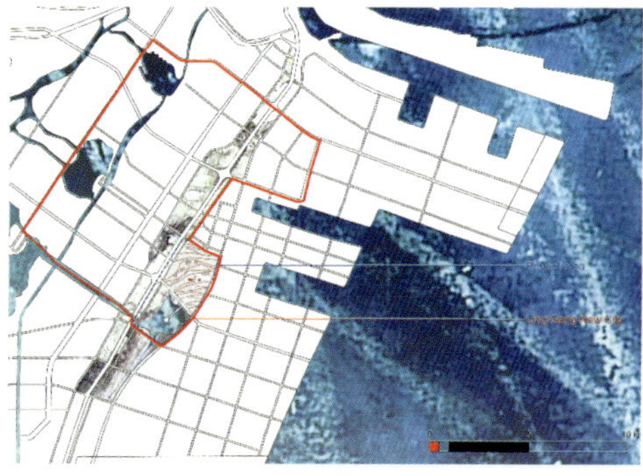

ALESSANDRO ANSELMI, Rome
with Valentino Anselmi, Valerio Palmieri

The drawings that we are introducing, do not represent an accomplished project of urban settlement, but they represent some ideas and suggestions about building aggregation, synthesised in a new conception of a City.

The main problem concerns the preservation of the City from itself, or rather, from the concentration of habitat, the huge production of pollution, the complete isolation of a citizen that is immersed in his endless solitude and more over, preserve the City from an useless consumption of spaces and technologies that are always used in an incorrect way.

Why not use wisdom?

Why not limit production greed?

To reach this goal , is not necessary to come back to picturesque images of an ancient city, but it's enough to employ the typical categories of a contemporary metropolis , as the large scale of settlements and infrastructures and the vertical dimension that is an "archetypal image" of contemporary urban blocks.

In other words, we should have courage to consider the City as a "drawing" that not only goes further than the basic functional, technical and economic demands, but also as a "drawing" that contains the principles of cultural representation of citizen and, as a consequence, it becomes a "sign" of communities.

However, if we begin from a correct concept of typological models and an appropriate use of new technologies for energy production and energy saving, it will be possible to project new urban agglomerate with brightness and balance.

We would suggest some principles for you to reflect on:

- High integration between different typologies. Residences, offices, commercial and cultural areas, etc., spreads on the urban territory in a harmonic way, without a clean separation between them.

- To make use of typological integrity, accepting buildings in a vertical large scale.

- To imagine buildings of 3 or 6 floors in contraposition with the highest buildings that are included in the vertical scale.

- To draw buildings with an east/west flow, in order to have south-facing facades. This choice allows the biggest exploitation of solar energy.

- The new City is devised including green areas with parks and gardens, with a large amount of trees and plants that are in a position to balance pollution caused by the human presence.

- The facades are delineated with loggias and balconies that works as a vegetable filter.

- Public transport for the big distances.

- The private road network is considered as a grid of selection and division for the traffic instead of a separation.

All these values, however, are not enough if they do not constitute the basis for a research of a strong linguistic identity. This is a changeable identity, because it's an urban mass and not a single architecture, and at the same time this identity is resistant to the flux of history like a bamboo cane in the wind.

in queste pagine da sin.: planimetria generale,
nelle pagine seguenti da sin.: vista prospettica; planivolumetria generale;
prospettive all'interno della città

in these pages from the left: site plan,
in the following pages from the left: perspective view, planivolumetric view;
perspective within the city

天津
va.2010
天津
0 50 100   500   1000 m

天津
V.A.VP-01

SALVATORE BISOGNI, Napoli
con Anna Bonaiuto, C. Cigala, P. Fedele, C. Montella

Il progetto elaborato per un nuovo insediamento urbano da proporre per la città di Ling Gang New City aTianjin in Cina, su un'ampia area di circa 6 km2, incentra la sua idea insediativa su di un cospicuo parco centrale largo 250 m. e lungo 2.500 m. ai lati del quale si strutturano sette zolle residenziali reciprocamente distanziate da ampie superfici a verde destinate a strutture scolastiche e a servizi per la residenza. La zolla è costituita dall'accostamento di due file di case a schiera (a due piani) ortogonali al parco centrale, con aree a verde, strade interne e parcheggi, e da corrispondenti blocchi residenziali multipiano prospicienti alle grandi strade che delimitano l'area assegnata, serviti anch'essi da parcheggi. Gli accessi alle residenze, ai servizi ed ai parcheggi ad esse collegati, hanno luogo dalle grandi strade perimetrali al lotto mediante una rete di percorsi paralleli al parco che delimitano le case multipiano dalle case basse, e di percorsi ortogonali disposti fra i due settori residenziali della zolla. Strade pedonali o ciclabili sono invece quelle che delimitano il parco. La forma trapezoidale del lotto ha indotto a proporre un sistema di slittamenti interni rispetto alla centralità del parco, con lo sfalsamento delle fasce residenziali che, verso il lago adiacente, consente sulle testate la sistemazione di strutture direzionali e servizi pubblici per l'intero insediamento, qualificando il senso delle figure progettate. Dal che, la ricerca delle opportune articolazioni delle materie assunte nella successione fra le case basse e le case multipiano: le prime misurate dall'interno degli isolati a schiera dotati di parcheggi e spazi verdi per ogni singola unità abitativa, le seconde articolate in blocchi residenziali con servizi e parcheggi comuni e ampi spazi aperti con carattere pubblico. Spazi che assumono il compito di cospicui accessi comuni, collegati al parco centrale e al lago esistente, divenendo dirimente del ruolo che assumono gli elementi ricorrenti della residenza. Tant'è che dalla loro semplice iterazione può derivare un ordine ca-

pace di conformare i siti naturali in luoghi adeguati alla vita contemporanea. In ciò la ricerca prodotta da Hilberseimer non solo per i piani di Chicago, ma ancor più per il Lafayette park a Detroit (progettato successivamente con Mies van der Rohe) dove l'iterazione delle singole o raggruppate abitazioni diventa emblema della configurazione dell'intero insediamento quale parte centrale della città. Gli edifici direzionali/commerciali sono ubicati sui lotti di testata a nord e, a sud, quelli pubblici e rappresentativi (biblioteche, musei, gallerie, clubs, edifici per lo sport ecc.) nelle aree a verde che circondano il lago. In particolare collochiamo sul lago esistente una grande struttura per lo spettacolo e per il teatro, il cui riferimento va visto nelle architetture della storia e del mondo classico. La varietà dei luoghi e le differenti tipologie residenziali adottate, possono arricchire l'immagine del nuovo insediamento, emancipandolo dalla mera ma necessaria ripetizione degli elementi, per rafforzare l'identità dei luoghi come cercato dalla 'mishebebaung' per poter rispondere al tema odierno 'Better City Better Life'

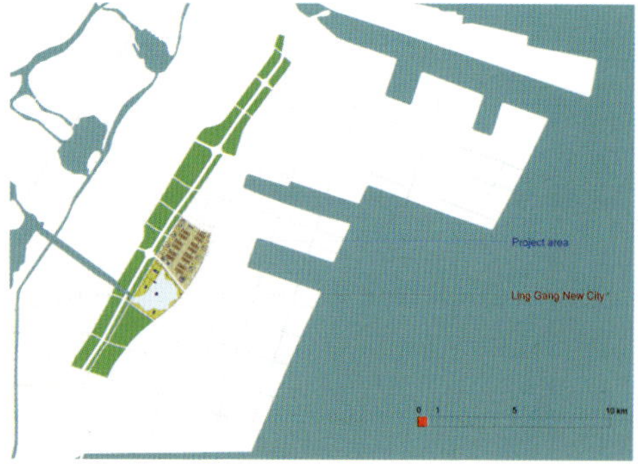

SALVATORE BISOGNI, Neaples
with Anna Bonaiuto, C. Cigala, P. Fedele, C. Montella

The design of a new urban settlement for Ling Gang New City in Tianjin, China on an area of about 6 square km is centered on the idea of constructing around an outstanding central park 2500 m long and 250 m large.

On its long sides seven residential plots are located, separated by wide green areas to be used for schools and facilities for the dwellings. Each residential plot is constituted by two lines of row houses placed perpendicularly to the central park and by multi-storey residential buildings on its edges.

Access to dwellings and to the related facilities and parkings from the wide border avenues is provided through parallel streets perpendicular to the park, either separating two plots or placed between the multistory buildings and the low houses.

The park is surrounded only by footpaths and cycle paths.

The trapezoidal shape of the plot led to stagger the residential areas around the central park and to place at its ends, adjacent to the nearby lake, public facilities and offices serving the entire neighborhood, thus qualifying the meaning of the planned buildings.

Special care was given to the study of appropriate combinations in the sequence of low housing units, each one with its parking space and garden, and high-rise dwellings with common facilities, parkings and outside spaces.

These access spaces, connected to the central park and to the existing lake, together with the recurrent residential units follow a general order that transforms the natural site in an adequate place for contemporary life.

This type of study was already produced by Hilberseimer, not only for his Chicago plans, but especially for Lafayette Park in Detroit, designed together with Mies van der Rohe: the iteration of individual or grouped housing units becomes emblematic for the entire settlement as central part of the city.

The office buildings and the commercial facilities are located on the north end of the park, *while on its south end, in the green areas surrounding the lake, there are the public buildings (libraries, museums, galleries, clubs, buildings for sports etc.).*

More specifically, a large theatre complex has been placed on the existing lake with a clear historical reference to classic architecture.

The variety of the landscape and the different types of residential buildings enhance the image of the new settlement. The liberation from repetition strengthens the sense of place, as proposed by 'Mischbebaung' theoreticians, in order to respond to the current theme 'Better City Better Life'.

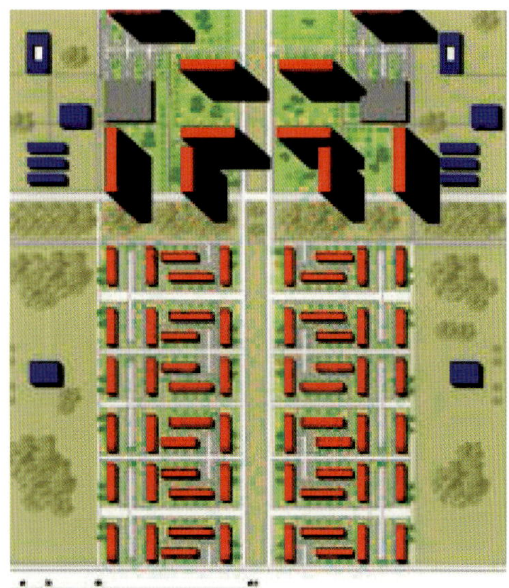

in queste pagine da sin.: planimetria generale, porzione del planivolumetrico
nelle pagine seguenti da sin.: planivolumetria generale; vista assonometrica;
profilo trasversale; vista a volo d'uccello

*in these pages from the left: site plan, a portion of planivolumetric view
in the following pages from the left: planivolumetric view; isometric view,
cross-section, a bird's eye view*

residence
public facilities and service
parking
park
0 50 100   500   1000 m

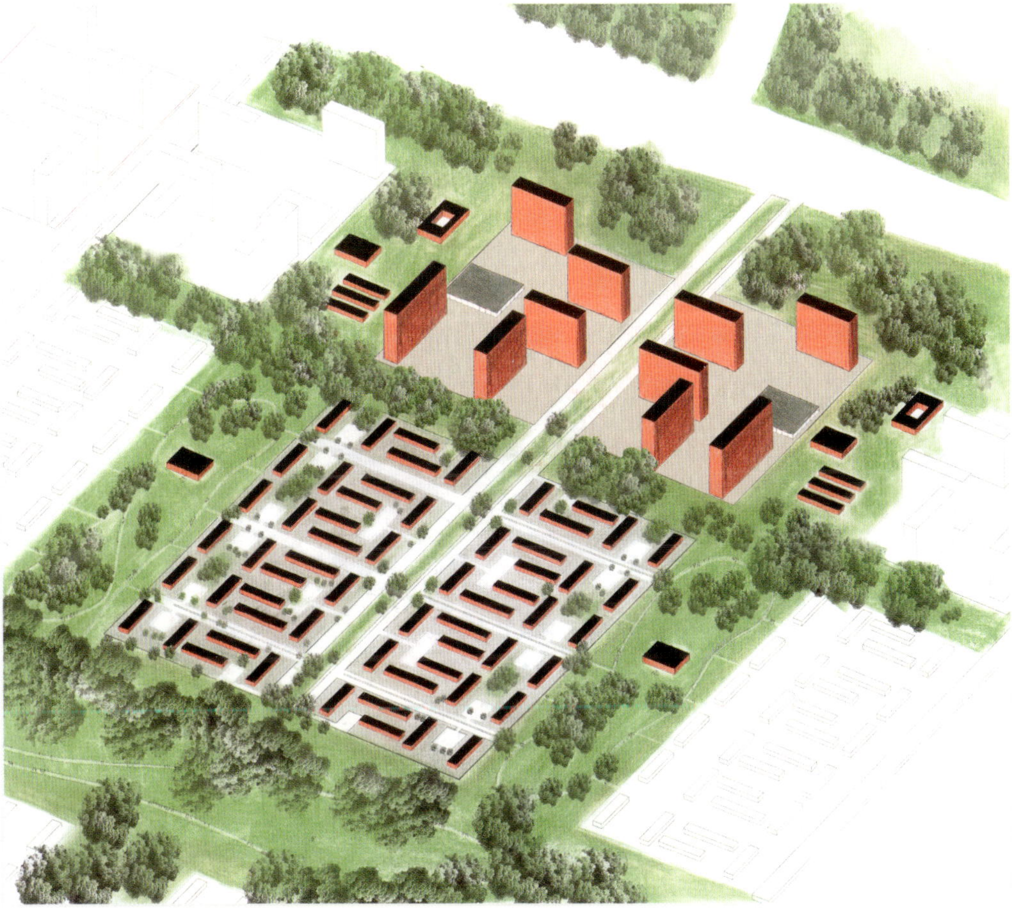

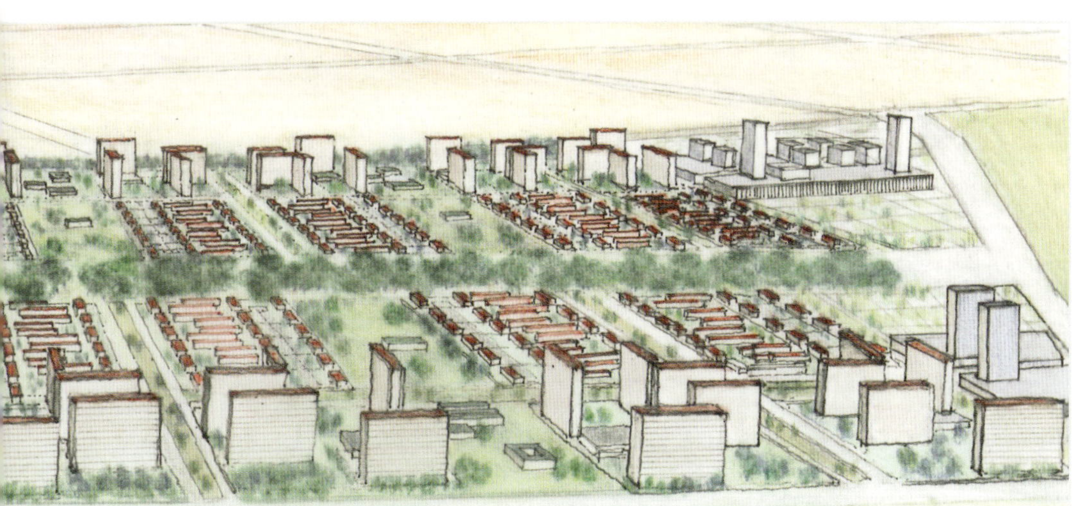

ENRICO BORDOGNA, Milano
con Gentucca Canella, Elvio Manganaro, Cecilia Bischeri; Vincenzo Donato (urbanistica).
Coll. studenti: T. Brighenti, V. Buzzelli, M. Capra, L. Mazzetti, A. Sguerri

L'idea di progetto, conforme a un insediamento di media grandezza (parte di Ling Gang New City), si fonda sulla scelta di strutturare la futura espansione secondo un orientamento ortogonale alla costa, corrispondente a quello storicamente prevalente di Tianjin e del Fiume Hai He, opponendosi alla saturazione di una conurbazione continua in senso nordest-sudovest alle spalle del nuovo fronte portuale.

In tal modo la nuova espansione risulterà intervallata da grandi cunei di campagna, nei quali confermare l'attività agricola e il verde.

Sulle tavole di progetto tale scelta è rappresentata con un diagramma insediativo a grande scala, definito dagli assi principali di viabilità e dal disegno – quasi "ideogrammatico" – di grandi unità a maglia quadrata di grande dimensione, che riprendono dimensioni e orientamento della trama agricola esistente e simboleggiano i nuovi pesi insediativi previsti. Con criterio analogo, anche il fronte portuale viene riconfigurato secondo un disegno più rispettoso della linea di costa.

All'interno di tale schema generale, il disegno dell'area di progetto reinterpreta l'impianto ippodameo della città classica mediterranea, con due assi ortogonali generatori e una maglia a scacchiera regolare. L'asse longitudinale, con funzione di scorrimento, si sviluppa in trincea ed è scandito dalla sequenza di edifici alti lamellari (per terziario, direzionale, quote di residenza); l'asse trasversale si configura come una grande allea commerciale, pedonale e ampiamente alberata.

Gli isolati residenziali sono esemplificati su due tipologie: a blocco, di sei piani fuori terra, a perimetro dell'isolato tipo; e a corte unifamiliare, di uno/due piani fuori terra, dimensionata come sottomultiplo dell'isolato tipo.

Come nella Mileto di Ippodamo, gli spazi pubblici e il verde si dispongono lungo gli assi generatori, secondo multipli o sottomultipli della scacchiera così da risultare inscritti nel reticolo di base. Indicativamente sono state individuate due piazze pubbliche: la "Piazza della Cultura" e la "Piazza del Mercato", entrambe cinte da portici e segnate dall'emergenza monumentale degli edifici collettivi. La Piazza della Cultura è pensata come un omaggio alla recente architettura italiana, con il teatro (da Carlo Aymonino), l'edificio religioso (da Guido Canella), la porta di accesso (da Aldo Rossi). A sud, intorno al lago riconfigurato, un grande parco metropolitano accoglie le attrezzature per il tempo libero.

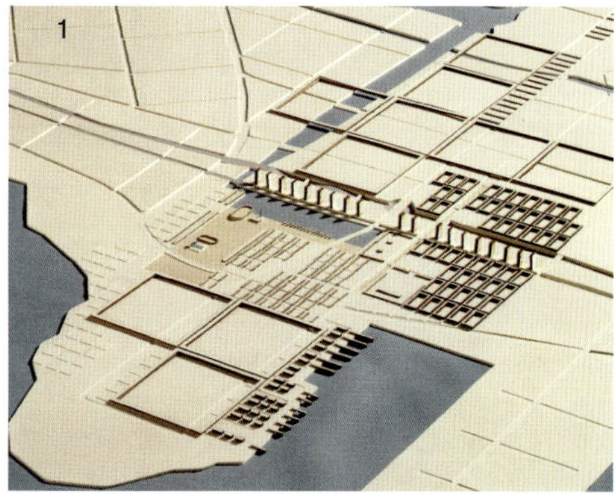

ENRICO BORDOGNA, Milan
with Gentucca Canella, Elvio Manganaro, Cecilia Bischeri; Vincenzo Donato (urban design).
Coll. students: T. Brighenti, V. Buzzelli, M. Capra, L. Mazzetti, A. Sguerri

The idea of the project, according to a settlement of medium size (part of Ling Gang New City), is based on the choice of structuring the future expansion to a perpendicular direction to the coast, corresponding to the historically prevalent scheme in Tianjin and the Hai river, as opposed to saturation of a conurbation in a northeast-southwest direction behind the new waterfront. Thus the new expansion will be spaced out with large wedges of countryside, in which agricultural activities and green areas are confirmed. This design conception is represented by a diagram on a large scale settlement, as defined by the main axes of traffic and a sort of "ideogrammatic" design of wide squared units of large size, according to size and orientation of the existing agricultural mesh and symbolizing the new settlement provided. With similar criteria, also the waterfront is reconfigured according to a more respectful design of the coastline.

The project area design is a reinterpretation of the Hippodamian plan of the classic Mediterranean city, with two orthogonal generating axes and a regular grid. The longitudinal axis, with a scrolling function, develops in cutting and is marked by a sequence of tall buildings (for business, services, and residential units); the transverse axis is configured as a great commercial boulevard, pedestrian and wide tree-lined. The residential areas are exemplified in two typologies: the residential block, six storeys above ground; and the single family court, one or two floors above ground, sized as submultiple of the insula type. As in Miletus of Hippodamus, public spaces and green areas are arranged along the generator axes, according to multiple or submultiple of the grid, so as to be inscribed in it. Basically there were identified two public squares: the culture one ("Piazza della Cultura") and the marketplace ("Piazza del Mercato"), both surrounded by arcades and marked by the monumentality of collective buildings. The Culture square is considered as a tribute to the recent Italian architecture: Theatre (by Carlo Aymonino); Re-

ligious building (by Guido Canella); Gate (by Aldo Rossi). To the south, around the reconfigured lake, a great metropolitan park holds leisure facilities.

1. Vista del modello territoriale.(foto S.Topuntoli)
2. Vista di dettaglio della Piazza della Cultura. La piazza è pensata come un omaggio alla recente architettura italiana: a sinistra, Teatro (da Carlo Aymonino); a destra, Edificio per il culto (da Guido Canella); al centro, Porta di ingresso (da Aldo Rossi).
3. Vista di dettaglio della Piazza del mercato. A sinistra, esemplificazione della residenza unifamiliare (da Cesare Cattaneo).
4. Vista di dettaglio del lago e del parco metropolitano: edifici su palafitta per ristoranti e servizi; circolo di canottaggio; stadio; velodromo; piscina scoperta; edifici porticati per servizi e negozi.

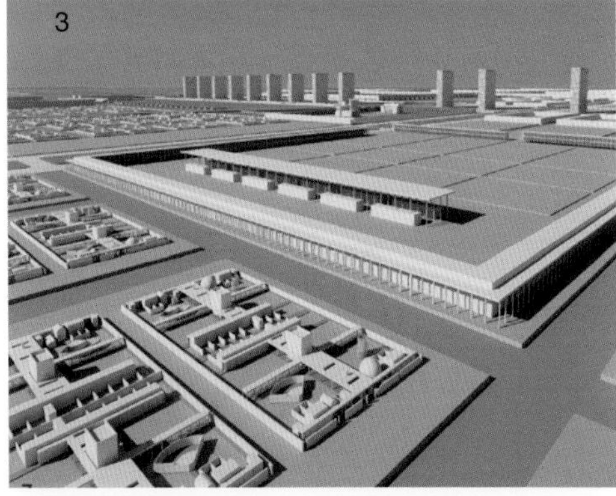

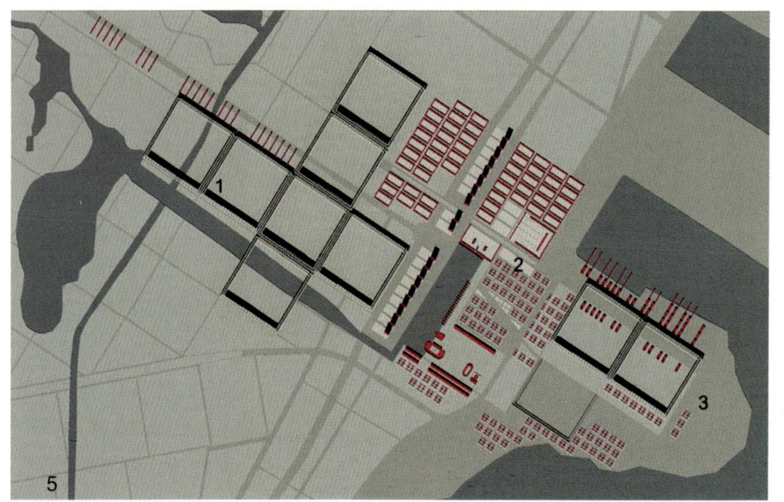

5. Schema concettuale della struttura insediativa proposta: 1) grande unità a maglia quadrata di regolazione insediativa; 2) area di progetto; 3) porto.
6. Planivolumetria generale dell'area di progetto: 1) isolato residenziale a blocco; 2) tessuto a residenze unifamiliari; 3) edifici alti per terziario – direzionale – residenza; 4) Piazza della Cultura; 5) Piazza del Mercato; 6) Parco metropolitano e attrezzature per il tempo libero; 7) autostrada territoriale (in trincea); 8) asse urbano (in trincea); 9) Allea commerciale; 10) grande unità a maglia quadrata di regolazione insediativa
7. Vista da sudovest dell'area di progetto: tessuto a residenze unifamiliari; parco metropolitano; edifici alti per terziario, direzionale, residenza; grandi unità a maglia quadrata di regolazione insediativa; asse urbano e autostrada territoriale (in trincea).
8. Vista da nordest, con la Piazza della Cultura e l'allea commerciale.
9. Vista da ovest verso il lago e il parco metropolitano.

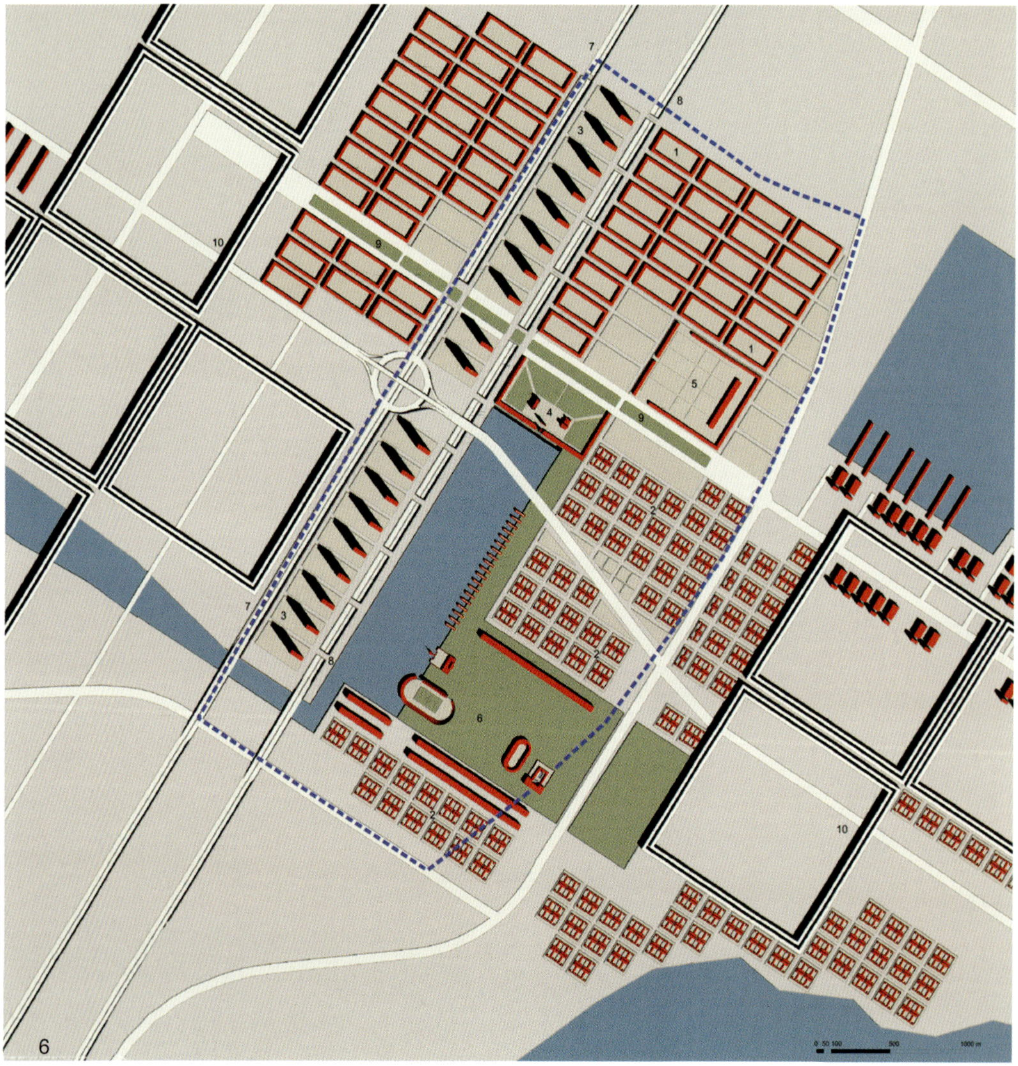

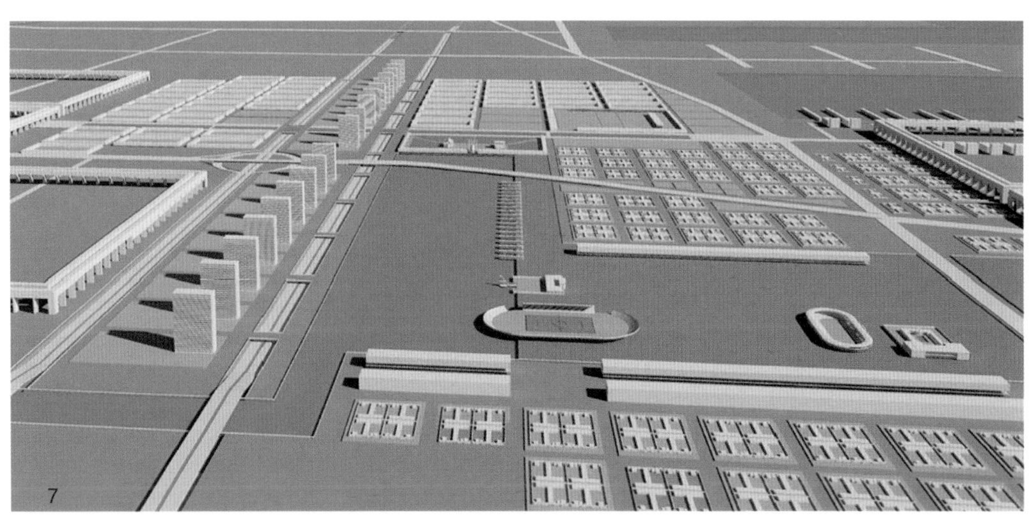

7

8

9

GIANNI BRAGHIERI, Milano
con C. Casadei e M. D'Alessandro

Le Corbusier scrisse "Le città future sono in genere anche le città antiche".
Pensiamo che la nuova conurbazione della città debba replicare una esatta idea che, per molti secoli, ha definito la forma delle nuove città. Dalla griglia romana alla città delle *missiones* in America Latina, l'idea di città è rimasta la stessa. È stupido pensare che esista una strada alternativa per organizzare lo spazio delle città. Il cambiamento nella nuova organizzazione è dovuto solo ad una problema di quantità. L'abbandono della campagna e la concentrazione della popolazione nelle nuove megalopoli non ha cambiato la forma della città ma la non sostenibilità della vita ne ha cambiato la qualità nel modo di viverla. La nostra idea per una nuova città è quella di progettare una griglia a Sud di Tianjin, rimodellando la forma della costa attraverso grandi spazi aperti verso il mare. Nel centro sono previsti spazi di interconnessioni come: servizi, verde pubblico e privato. Nell'area di progetto, inserito in un grande parco lungo 20km, l'intervento prevede un grande anello di 650 mt di diametro, alto 30 mt, che ergendosi da terra viene attraversato da due grandi autostrade che distribuiscono una serie di grandi grattacieli. Abbiamo pensato di riferirci ad alcuni grattacieli costruiti come simbolo delle città contemporanee.

Le Corbusier wrote «Future cities are in general also ancient cities».
We think that the new conurbation of the city must reply to an exact idea that for many centuries, has defined the shape of new cities. From the roman grid to the cities of trustees of the missiones in America Latina, the idea of the city has remained the same. It's horrible and stupid to think that exists a new way to organize the space of the cities.
What is changed in the new organization is only a problem of quantities. The abandonment of the countries and the concentration of people in new megalopolis has not changed the shape of the city, has changed the quality of life and the big concentration of non sustainability of living quality.
Our new city idea is to design a grid in the South of Tianjin, remodelling the shape of the sea cost thinking to a large and spacious courtyard open towards the sea. In the middle there are interconnection places like: services, public and private green. In the project area, in big green park km 20 long, we have designed a large ring of ml 650 diameter, ml 30 wide, that raised from the land and crossed by two large highways that distributes some very tall skyscrapers. We have thought to use quotations of built skyscrapers as symbol of new cities.

a lato: planimetria generale dell'intervento, nelle pagine seguenti: vista d'insieme, planivolumetrico, vista zenitale

right: general plan of the project, followin pages: overview, zenital view different scale

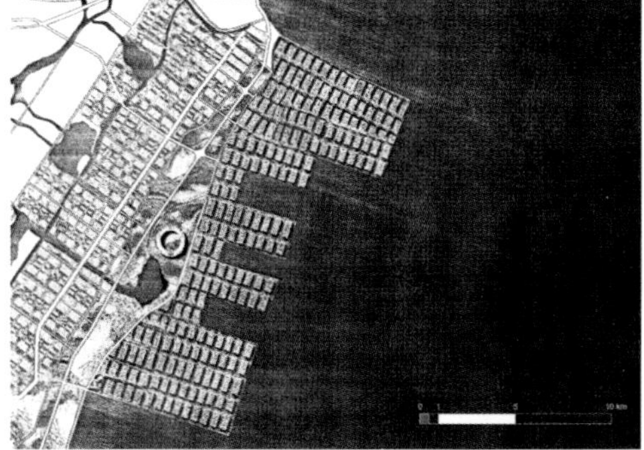

GIANNI BRAGHIERI, Milan
with C. Casadei and M. D'Alessandro

Reading certain texts by expert sinologists of the Seventies, written at the very height of Mao Tse-Dong's Cultural Revolution and beyond all anti-American and anti-imperialistic interpretations, it is possible to identify a series of problems. This allows us to elaborate upon the major issues faced by Maoists, in their effort to usher their country through an evolution which did not wish to emulate the Western or Soviet model, and, above all, upon the transformation which the imperialist invasion imposed on the geographic and urban structure of China. A fundamental transformation was the passage from the centres of production in internal agricultural zones and the large cities of agricultural production and of transportation which only had the bureaucratic structure of capital cities. Western colonial expansion, which is typical in all colonized countries, promoted construction and transformation in large port cities, an activity foreign to traditional China as it had never been a maritime civilization. If to this we add the consideration that the large country had, throughout its history, extremely diversified forms of human settlement throughout time and space as the result of a lively civilization, linked to the reality of nature and work, we can thus understand how the construction of ports and the consequent transformation of the urban fabric affected the social, political, economic and resulting architectural relationships of the city. The agricultural centres were modelled after the diversified cultures and geographic realities of the north. Villages were constructed in evenly distanced squares, with walls and orthogonal roads, where, for centuries, wheat and barley were cultivated, unlike in southern China where villages were often constructed with more sparsely scattered dwellings, immersed in a landscape where the predominant feature of water called for intense irrigation agriculture. To these settlements were added the family homes of [illegible], the political and economic centres, which dominated village life in the affirmation of their own [illegible] power. This legacy of Imperial China remained deeply-rooted due to the economic, territorial [illegible] urban devastation following the construction of ports [illegible] the imperialistic colonial West. Today a series of [illegible] skyscrapers [illegible] and organized urban fabric [illegible] to [illegible] architectural aesthetics. These buildings [illegible] present [illegible] significant design [illegible] which studies [illegible] the sheer [illegible] and fluorescent [illegible] and [illegible] well-known architects' names, [illegible] however effectively, all [illegible] is [illegible] the city [illegible] of [illegible] civilization [illegible] to be [illegible] more than [illegible] and representation of [illegible] which, [illegible] language [illegible], does not interpret a greater sense of the city [illegible]. In the end, it is very difficult to understand the periphery of this extended [illegible] urban [illegible] configuration, [illegible] possible to build [illegible] no-Italian city that would [illegible] irrigation [illegible] and typology [illegible] in unhealthy areas, void of [illegible] natural [illegible] configuration, the relationship [illegible] Italian urban [illegible] combine [illegible] verticality [illegible] and the diverse [illegible] as [illegible] the city's connection. The urban disorder which, as [illegible] have architects complain does not belong to the local civilization, but which is instead a result of overlapping and of colonial domination [illegible] being the founding element. I believe that each project must stem from knowledge of history and, in this specific case, from knowledge of Chinese social politics. From these somewhat superficial [illegible] difficult to identify the true sense of an operation which departs with the premise of chaos to find the measure and order of architecture. As a consequence, we cannot export a design plan which [illegible] the order of the European city. We also cannot, however, adopt as a driving element the disorder of contemporary Tanjin resulting from the overlapping of various colonial interferences and [illegible] cultural and civil disruption of the city's identity. Disorder can certainly not become the matrix of urban development because its lack of order cannot promote an architectural idea or a spatial [illegible] design territory. In the Italian language, disorder signifies the disruption of order and confusion. Administrative and urban disorder leads to a confusing and unbalanced situation. The synonym [illegible] is defined as being the chaos which accompanies a disorderly mix of people or things as well as loss, lack of clarity of thought and, at times, perceptive disorientation. We are today faced with [illegible] in the critique of architectural design. The trends that whip through like cyclones have contaminated every angle of the world, forgetting and distorting history, customs and the civil and [illegible] community. In a few [illegible], nothing will be left of all that is being constructed in this world of globalization regarding taste, aesthetic and history All is homologated without even having a sense [illegible] of the act. Each [illegible] is worked out in its own form, with no justification whatsoever.

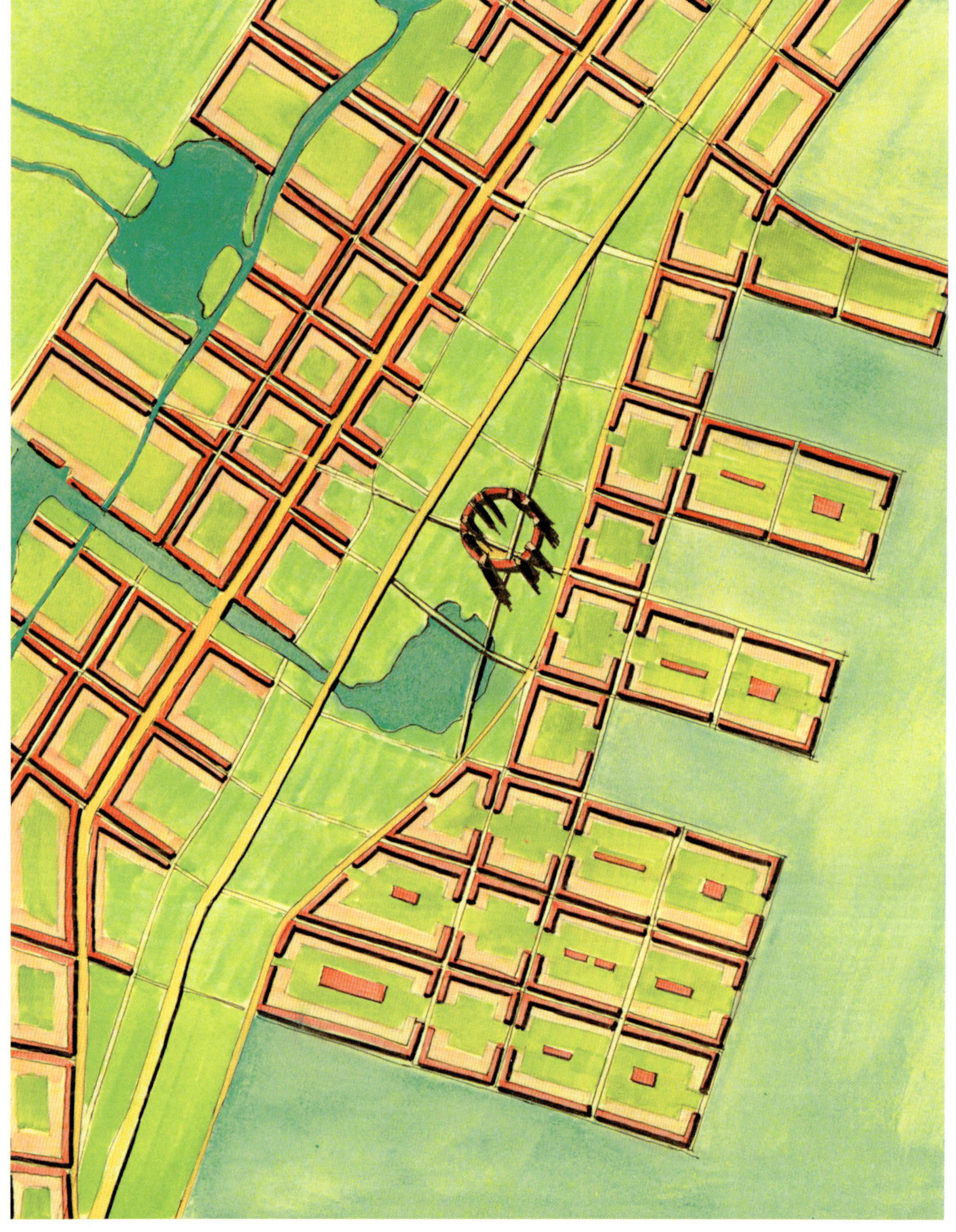

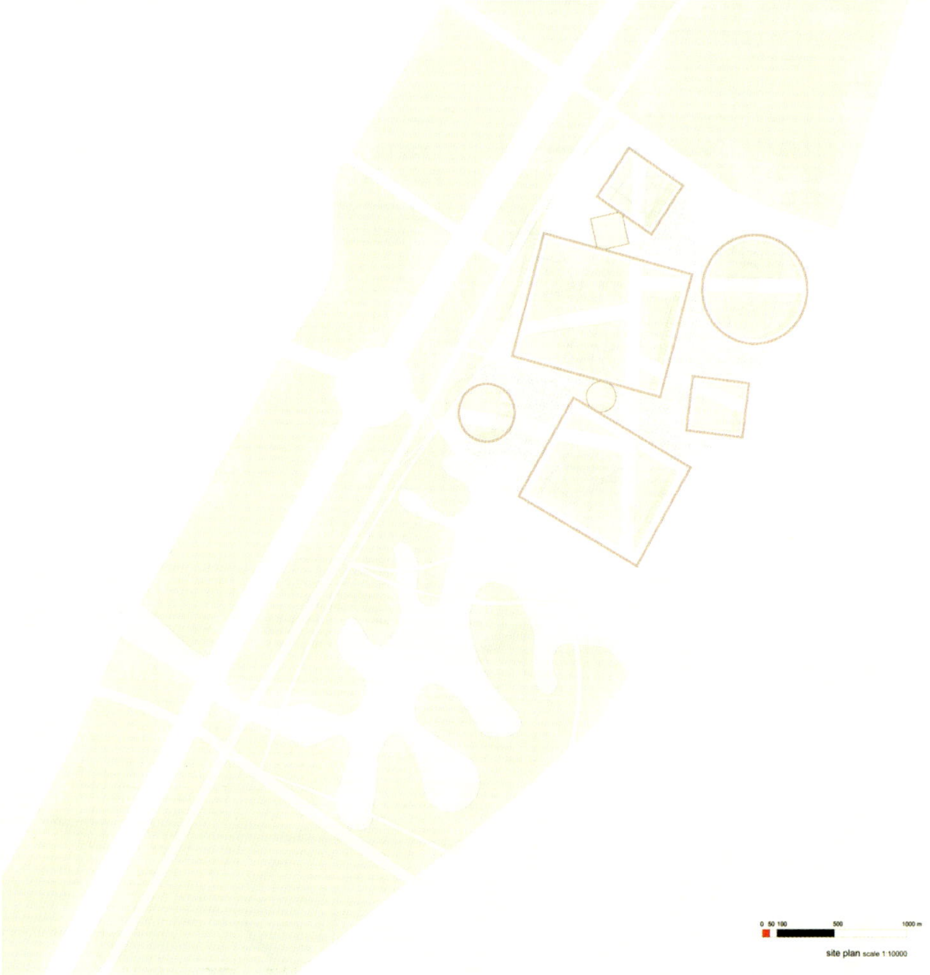

site plan scale 1:10000

perspective views

section scale 1:1000

CLAUDIO D'AMATO GUERRIERI, Bari
con Giuseppe Fallacara, Enrica Leonardis, Vincenzo Minenna, Ubaldo Occhinegro, Nicola Parisi, Marco Stigliano

Il modello territoriale

Il nuovo quartiere di Lin Gang è collegato direttamente con il Golfo di Tanjin attraverso un nuovo canale navigabile che unisce il Mar Giallo con l'emissario del fiume Hai He, secondo un tracciato ad esso parallelo. Nel punto dove il nuovo canale navigabile e l'emissario si incontrano è stata progettata una grande piazza d'acqua (darsena) di km 3,3 x 2, capace di ospitare numerosi moli per imbarcazioni da diporto.

Il modello urbano

La nuova città costituisce il bordo di questa grande piazza d'acqua, e si estende per una profondità di circa 120 ml. Il modello urbano di riferimento è quello dei lungomare e delle *corniches* che all'inizio del XX secolo caratterizzarono l'opera di espansione ed ammodernamento delle città ottocentesche italiane.

In questo senso esso si ricollega in qualche misura al quartiere italiano di Tanjin, costituito dalla vecchia "concessione perpetua di Tientsin" lungo il fiume Hai.

Il modello architettonico

Gli edifici della nuova città fanno riferimento al tipo del "palazzo all'italiana", adatto sia per l'edilizia specialistica che per quella residenziale. Le dimensioni dei "palazzi" –conformi alle densità edilizie richieste– tendono ad essere monumentali; ma sono ingentilite dal linguaggio architettonico che fa riferimento all'edilizia storica italiana della prima metà del novecento ed alla grazia dei "giardini all'italiana".

CLAUDIO D'AMATO GUERRIERI, Bari
with Giuseppe Fallacara, Enrica Leonardis, Vincenzo Minenna, Ubaldo Occhinegro, Nicola Parisi, Marco Stigliano

The territorial model

The new town of Lin Gang is directly connected to the gulf of Tanjin with a new navigable channel, which links the Yellow Sea with the outlet of the Hai He river. Its course is parallel to the outlet. At the point where the new navigable channel meets the outlet of the Hai He river, a large water plaza (a dock of 3.3 x 2 km) has been designed, capable of hosting numerous jetties for pleasure craft.

The urban model

The buildings of the new town are laid out on a strip of ground 120 ml deep, all around the water plaza. The urban model is that of the Italian waterfront of the beginning of the twentieth century that characterized the expansion and moderniza-tion of Italian towns. In a sense it recalls the Italian quarter (thirties of 20th century) of Tanjin, consisting of the old "perpetual concession" along the river Hai.

The architectural model

The buildings of the new town refer to the type of the palazzo "all'italiana", suitable both for specialized buildings, and residential ones.

The dimensions of the "palazzi" (palaces) tend to be monumental −so as to conforming to density re-quirements− but are softened by architectural language that refers to historical Italian buildings of the first half of the twentieth century and to the grace of the "giardini all'italiana" (Italian-style gardens).

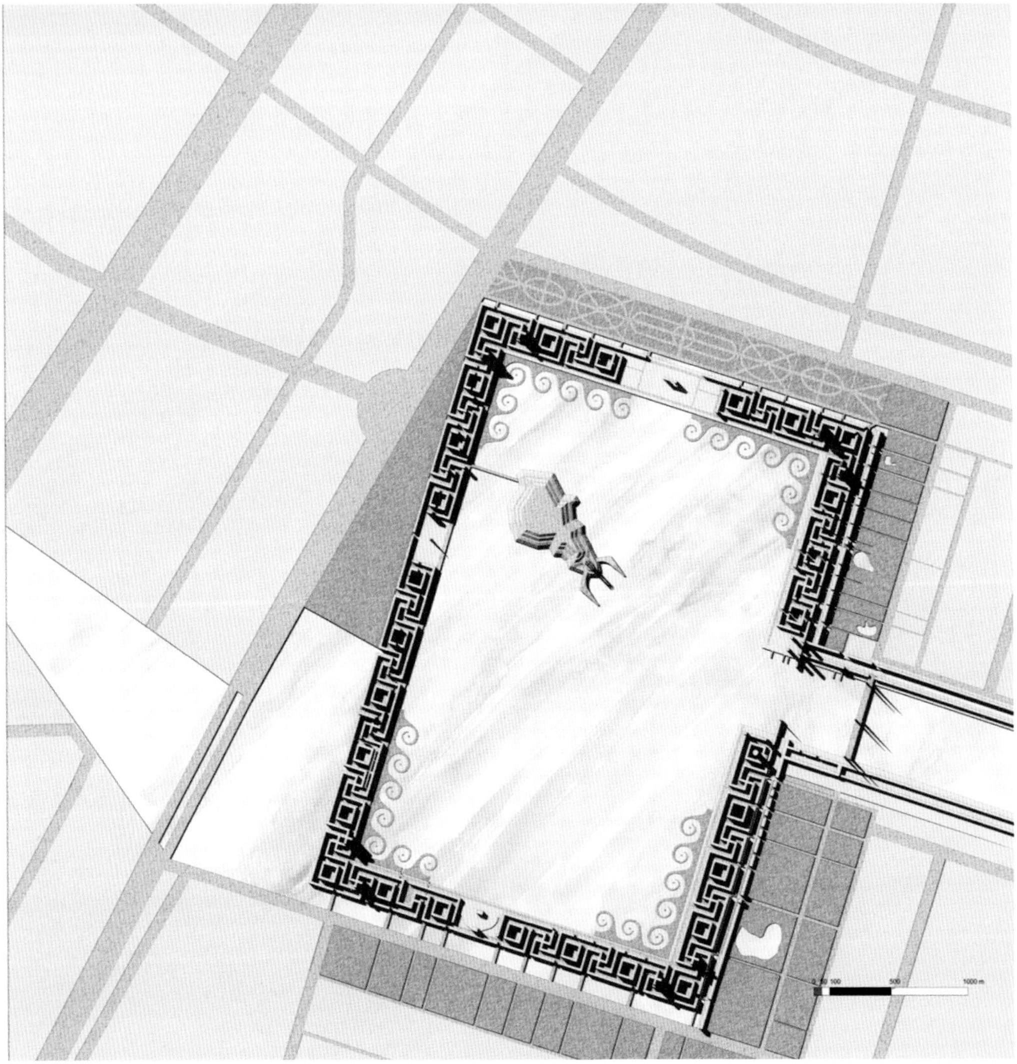

PIETRO DEROSSI, Torino

La nostra proposta è l'intenzione di organizzare i grandi insediamenti per Poli Urbani di diversa dimensione, che a loro volta possono essere aggregati formando una città articolata, complessa e differenziata. Le dimensioni dei Poli Urbani variano a seconda delle situazioni territoriali e sociali e possono anche variare i criteri della loro aggregazione. Ogni Polo Urbano ha una propria autonomia di gestione, una propria qualità formale, un proprio carattere di centralità. Ogni Polo Urbano espone la propria differenza e la propria identità. La sua autonomia è anche relativa in quanto la sua proposta di abitare si completa con le offerte che provengono dai Poli Urbani con cui è in relazione.

Ciascun Polo Urbano potrà contenere una o più attività collettive che caratterizzano la propria centralità: formazione, sanità, lavoro, cultura ecc..
Nelle aree verdi tra i Poli potranno essere situate residenze unifamiliari. Inoltre potranno essere previste attività nell'ambiente naturale: giardini tematici, spazi per eventi, attrezzature per lo sport e aree per l'agricoltura normale e specializzata, anche organizzato con orti a conduzione familiare.
La città nel suo complesso sarà un raggruppamento di Poli Urbani tra loro differenti escludendo di assumere schemi tipologici ripetibili e monotoni. Sarà una città complessa che offrirà una pluralità di linguaggi e di riferimenti interamente da percorrere e da abitare.

a lato: vista dell'Urban Center
nelle pagine seguenti da sin.: planimetria dell'intervento, montaggio

on the right: view of one of the Urban Center
the following pages: general plan, images mounting

Our proposal is intended to organize the large settlements in urban centers of varying size, which in turn can be aggregated to form a city articulated, complex and differentiated. The size of urban centers vary depending on local situations and social and can also vary the criteria for their aggregation. Each Urban Centrality has its management autonomy, its formal qualities, its central character. Each Urban Centrality exposes its difference and identity. Its autonomy is relative as its proposed dwelling is completed by the offers that come from urban centers which relates.

Each City Complex will contain one or more group activities that characterize its centrality: education, health, work, culture, etc. ...The green areas between the Centrality will be located single family residences. Will also be provided activities in the natural theme gardens, space for events, sports facilities and areas for normal and specialized agriculture, also arranged with family gardens. The city as a whole will be a grouping of different Urban Centers excludes to assume different typological schemes repeated and monotonous. It will be a complex city that offer multiple languages and full of roforences to travel and live.

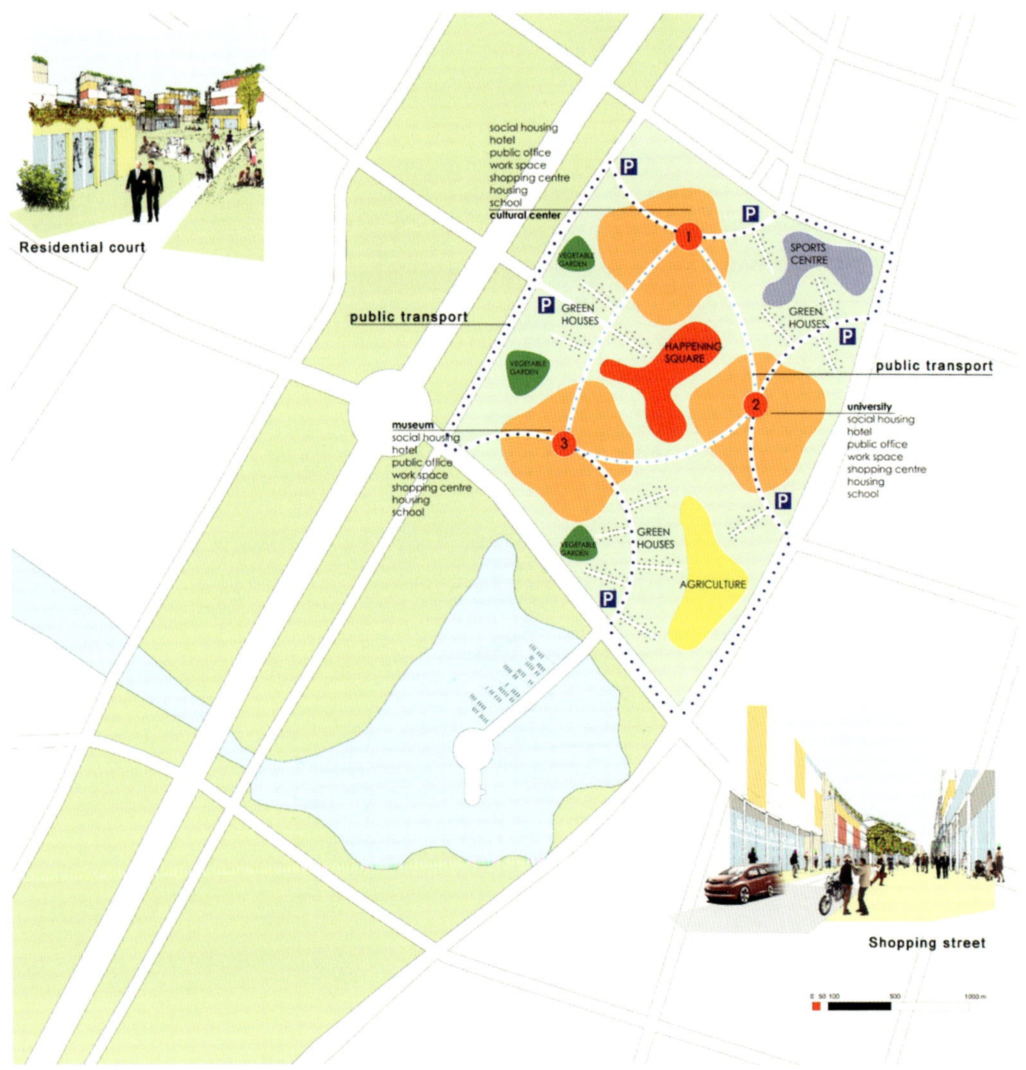

Residential court
social housing
hotel
public office
work space
shopping centre
housing
school
cultural center
VEGETABLE GARDEN
P
1
GREEN HOUSES
SPORTS CENTRE
GREEN HOUSES
P
P
public transport
VEGETABLE GARDEN
HAPPENING SQUARE
public transport
2
university
social housing
hotel
public office
work space
shopping centre
housing
school
museum
social housing
hotel
public office
work space
shopping centre
housing
school
3
P
VEGETABLE GARDEN
GREEN HOUSES
P
AGRICULTURE
P
Shopping street
0 50 100   500   1000 m

An entrance to the city

A pedestrian street with shops and arcades

The apartments overlook the park

A leafy square

Residential homes (students, elderly etc.) and craft

The residential towers
with large wooden lodges

ANTONIO MONESTIROLI, Milano
con T. Monestiroli, R. Neri, C. Tinazzi – coll. M. Bondavalli, F. Cattaneo

LA CITTÀ, I SUOI PARCHI E I SUOI GIARDINI.

In una città moderna le case dovrebbero affacciare tutte su un giardino. Tutti gli alloggi dovrebbero avere una veranda affacciata su un giardino. Un giardino comune in cui si distribuiscono i servizi necessari a chi abita lì.
È il giardino il cuore delle abitazioni, il luogo che identifica l'unità residenziale. Un' unità costituita da diversi alloggi distribuiti in modo da rendere riconoscibile il luogo della casa e la sua propria identità.

Ogni unità residenziale dovrebbe a sua volta affacciare su un parco. Un parco pubblico di grandi dimensioni, percorribile solo a piedi o in bicicletta, un parco boscoso dove le radure diventano luoghi di incontro. Ai margini del parco, in corrispondenza delle unità residenziali, grandi torri, alte poco meno di cento metri, contengono spazi commerciali ai piani bassi, uffici, alberghi e residenze ai piani più alti. Le torri sono elementi complementari alle unità residenziali e definiscono la forma visibile del paesaggio urbano a grande scala. Le torri sono gli elementi che stabiliscono relazioni a grande distanza e consentono di orientarsi all'interno di una città altrimenti dominata da un paesaggio naturale.

In questi parchi, che sono il luogo al quale le unità residenziali sono orientate, saranno contenuti i servizi a scala territoriale come i teatri, i musei, le biblioteche, gli impianti sportivi, le università, gli ospedali, gli edifici per il culto ecc.
Questi edifici, distribuiti liberamente nel parco, si relazionano alle unità residenziali e ai loro giardini in modo da stabilire una gerarchia di luoghi: dai più privati, come le corti residenziali, ai più pubblici, come i luoghi delle istituzioni urbane. Ne risulta un sistema ordinato che consente il riconoscimento del senso di ogni luogo.

Un sistema che va realizzato con un' efficiente rete di trasporti, una viabilità pubblica e privata che faccia corrispondere alla gerarchia dei luoghi una gerarchia delle strade. Dalle strade veloci a più corsie che collegano luoghi distanti fra loro, alle strade a bassa velocità e a sezione ridotta che distribuiscono le funzioni interne alle unità residenziali.

Questa idea di città, in cui prevale il rapporto con la natura, in cui ogni luogo è rappresentativo della sua identità, può essere intesa come una risposta possibile alle aspirazioni dei cittadini delle grandi aree metropolitane che oggi patiscono una drammatica separazione dai luoghi naturali e la privazione, ormai totale, del diritto di riconoscere il senso dei luoghi in cui si svolge la nostra vita.

ANTONIO MONESTIROLI, Milan
with T. Monestiroli, R. Neri, C. Tinazzi – coll. M. Bondavalli, F. Cattaneo

THE CITY, ITS PARKS AND ITS GARDENS

In a modern city all the houses should look out onto a garden. All the apartments must have a veranda overlooking a garden: a common garden where the necessary services are accessible to all of the residents. This common garden is the center of the residential unit: it's the place that makes the identity of residential unit recognizable. The residential unit would be constituted of various residential buildings distributed in a way that makes the own identity of the place of the home recognizable.

Every residential unit would also look out onto a city park. A public park of great dimensions, passable only by foot or by bicycle. A wooded park where the meadows become meeting places. Around the edges of the park, in correspondence with the residential units, great towers, about one hundred meters high, contain commercial spaces, offices and hotels on the lower floors and residential apartments on the upper floors. The towers are complementary elements to the residential units and define the visible form of the city landscape to large-scale. The towers are the elements that establish relationships from great distance and allow one to orient themselves inside a city otherwise dominated by a natural landscape.

In the city parks you would find all the public services in territorial scale, such as theaters, museums, libraries, sport centers, universities, hospitals and religious buildings. These buildings, distributed liberally in the parks, relate themselves to the residential units and their gardens so as to create a hierarchy of places: from the most private, like the residential courts, to the more public places of the city. This results in a tidy system that makes the sense of each place recognizable.

This system would be connected by an efficient network of transportation, a public and private network of routes that corresponds the hierarchy of the places to the hierarchy of the streets: from the fast roads with more lanes that connect distant places to the narrower streets with lower speed limits that connect the neighborhood residences and services.

This concept of city, in which the relationship with nature dominates, in which every place has its own identity, can be a possible answer to the aspirations of the citizens of the great metropolitan areas that today suffer a dramatic separation from nature and also a deprivation, by now complete, of the right to recognize the sense of the places in which we live.

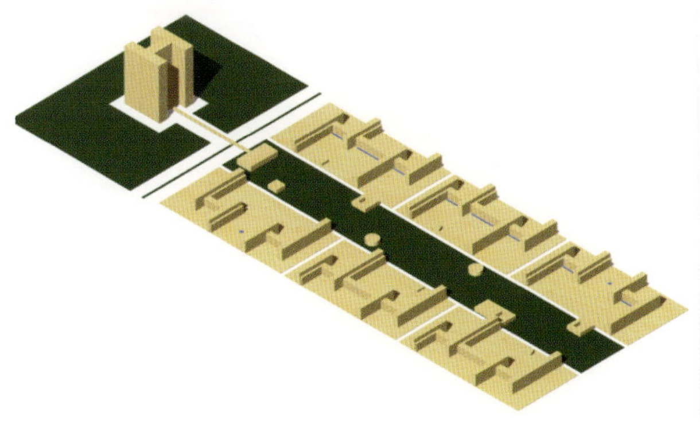

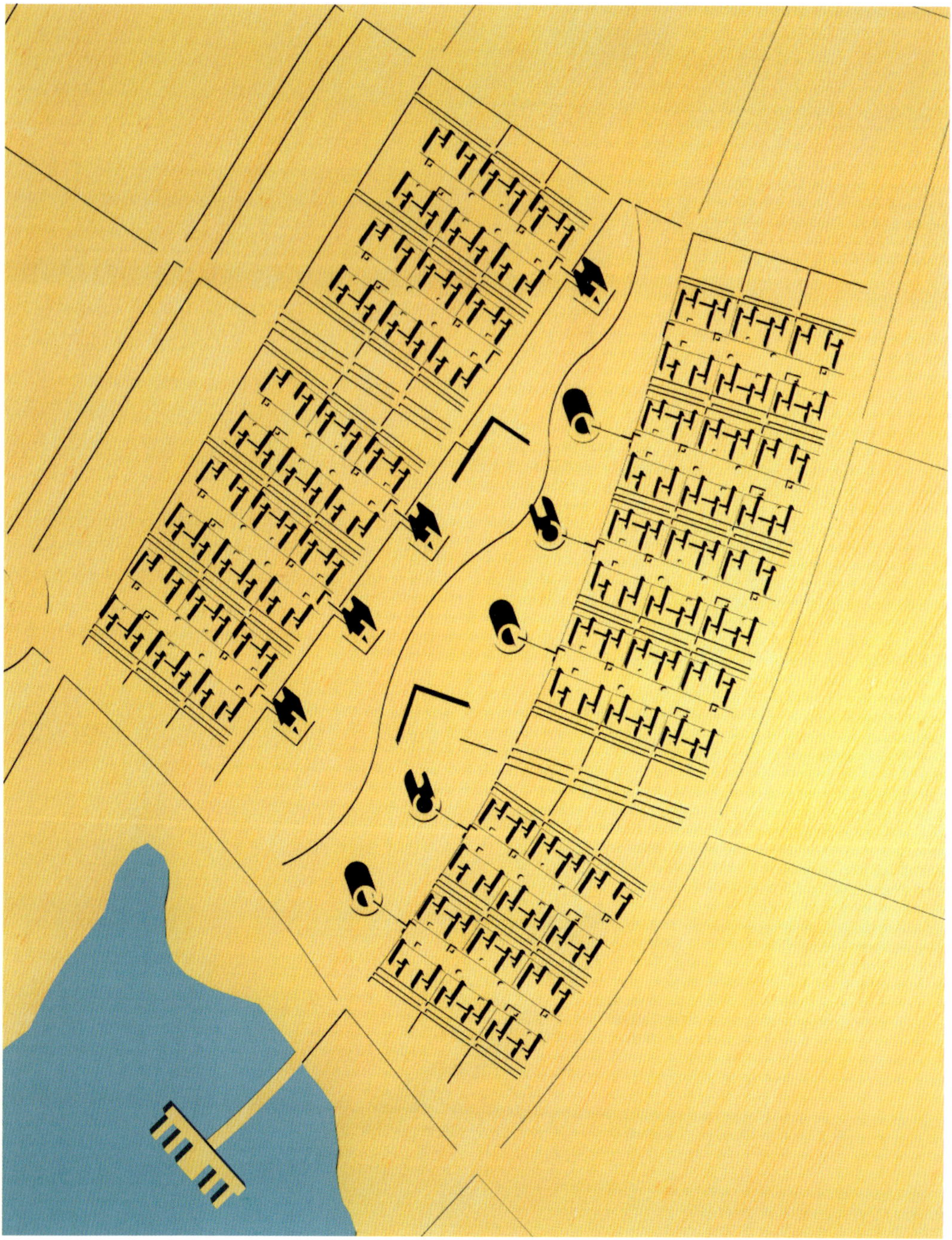

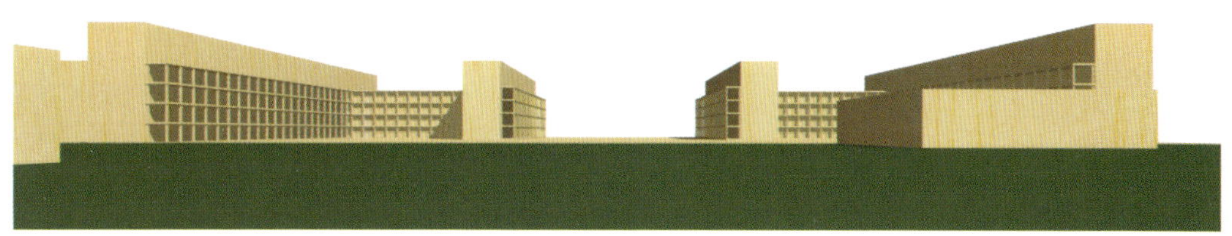

ADOLFO NATALINI, Firenze
con Natalini Architetti and MAP

Mi affanno a disegnare un pezzo di città nuova dove ancora abbiano senso parole antiche come strada e piazza, case e edifici pubblici. Mi affanno a disegnare un diagramma che ordini lo stare dell'uomo sulla terra e sotto il cielo, che instauri un legame tra i quattro: terra e cielo, divini e mortali (secondo Heidegger). Mi affanno a gettar lontano (pro-gettare) disegni in terre sconosciute, affidandomi ad antiche mappe e a frammenti di notizie riportate dai viaggiatori, incrociando la "mattonella delle quattro divinità" coi nove quadrati (i nove Li) che hanno ordinato la città…
Il terreno, visto dall'alto è solo un reticolo di strade e sulle carte un dipinto astratto dai colori tenui. Da vicino è terra rivoltata dall'aratro. Qui nascerà la città. Ho tracciato innumerevoli figure sulla sabbia, ho fatto disegni nell'acqua destinati a durar poco come quelli fatti dal tuffo di una rana.

Mettendo a confronto la via del cielo (Tien Tao) e la via dell'uomo (Rien Tao) dobbiamo riconoscere la bontà del non fare (Wu Wei): le cose sono già in ordine perfetto.
Così aggiungiamo pochi segni sulle carte presi da I Ching: li scelgo gettando tre monete e seguendo antiche regole. I segni sono:
Ch'len (il creativo),
Heng (la durata),
Chin (il progresso),
Ts'ui (l'unione),
Chien (il progresso graduale)… "così si può dar ordine al paese".
Questi segni organizzano i quadranti delle residenze e degli uffici.
Altri segni per gli edifici pubblici e commerciali si disporranno lungo il parco centrale e la via d'acqua che conduce al lago.

a lato: planimetria generale
nelle pagine seguenti: planimetria generale e prospetti degli edifici

on the right: site plan
the following pages: general plan, front of the buildings

ADOLFO NATALINI, Florence
with Natalini Architetti and MAP

It leaves me breathless designing a new part of a city where still antique words are used to describe it's parts: roads, squares, houses and public buildings. It leaves me breathless drawing diagrams demonstrating sense and order to mans existence on earth and under the sky, and which establish a bond between the four: earth and sky, divine and mortal, (according to Heidegger).

It leaves me breathless throwing drawings far away into unknown lands, laying trust in antique maps and the fragmentary tales of travellers and juxtaposing "the tile of the four gods" with the nine squares, (the nine Li), which bring the basis of order to the city.

The ground, seen from above, is simply a network of roads and on paper an abstact painting made up from insipid colour.

From close up the earth is turned over by the plough.

Here is where the city will be born. I have made innumerable figures in the sand. I have made drawings in water which are destined to last a short time, as the ripples formed by a frog leap into the water.

Confronting the way of the sky, (Tien Tao), with the way of man, (Rien Tao), we must take into account goodness intrinsic in the act of "not doing", (Wu Wei): everything is already in perfect order. Thus we make little marks, (taken from the I Ching), on the plans we have been given. I am choosing the marks by tossing three coins according to antique rules. The marks are the hexagrams:
Ch'ien/The Creative,
The creative works sublime success, furthering trough perseverance
Heng/Duration,
Perseverance furthers, it furthers one to have somewhere to go
Chin/Progress,
Progressing, but turned back
Ts'ui/Gathering together,
It furthers one to undertake something
Chien/Development...(gradual progress),
Progressing in what is right, thus one may set the country in order.
These hexagrams are the layout of the houses and offices. Other marks for the public and commercial buildings will be arranged along the central park and the canal leading to the lake.

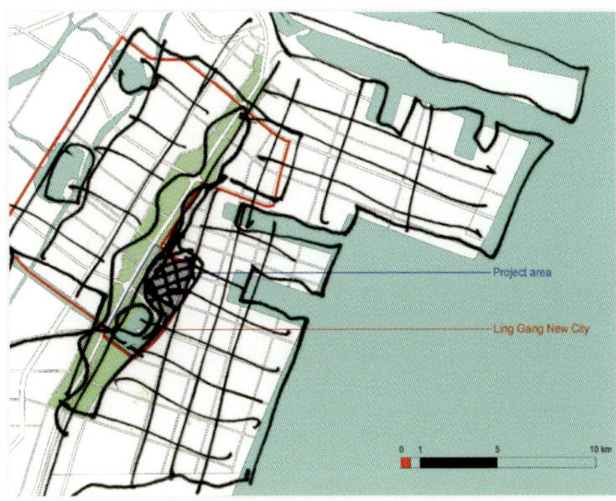

FRANCO PURINI, Roma
con A. Riciputo, D. Mingarelli, D. Nencini, F. Menegatti, S. Petrolati

Lo schema urbano proposto per il nuovo insediamento di Ling Gang desti nato ad ampliare la città di Tianjin è una sorta di codice a barre che governa lo spazio secondo una strutturazione semplice e nello stesso tempo complessa. L'intervento è costituito da tre bande costruite separate da due fasce verdi di diversa ampiezza. Le bande costruite sono organizzate sulla base di un modulo quadrato di 60,00 metri di lato. Tale modulo conferisce alle tre unità urbane – quasi piccole città lineari –una uniformità metrica la quale, riprendendo una celebre prescrizione di Marc Antoine Laugier, consente di ottenere una città in cui c'è nello stesso tempo la regola e la variazione. Il ricorso alla modulazione consente inoltre di ottenere nella città la presenza di una percepibile armonia spaziale e di proporzione delle parti. Il progetto è centrato su alcuni obbiettivi. Tra questi la presenza diffusa dello spazio pubblico, il cui ruolo come sistema di luoghi urbani interconnessi, la cui capacità di favorire le relazioni sociali è condizione necessaria per realizzare il programma "Better City, Better Life", messo dall'Expo 2010 di Shanghai al centro dell'attenzione mondiale; la sostenibilità dei tessuti edilizi e dei singoli edifici; la disseminazione organica di aree verdi all'interno del costruito; una accentuata articolazione tipologica. Quest'ultima può costituire un efficace antidoto alla ripetizione meccanica di edifici uguali, causa di monotonia e di disorientamento. L'insediamento rifiuta la zonizzazione per aree distinte e la conseguente gerarchizzazione del tracciato e del tessuto a favore di una distribuzione puntuale di tutte le componenti urbane all'interno dell'intero insediamento. In tal modo si eviterà di creare differenze di valore tra le varie parti della città, che risulteranno al contrario del tutto equivalenti, sia dal punto di vista del loro ordinamento funzionale sia da quello morfologico. La nuova città è per questo compatta e rarefatta, aperta e chiusa, determinata e labile, uguale a se stessa e nello stesso tempo diversa in ogni suo punto, finita e indeterminata, unitaria e parziale. Le tre barre entrano nel lago evocando con i riflessi delle architetture nell'acqua echi ancestrali che ricongiungono con accenti insospettati e misteriosi l'Oriente con l'Occidente.

in questa pagina: planimetria generale
nelle pagine seguenti: vista prospettica, planivolumetria,
sezione prospettica, pianta e prospetto di uno dei supercubi

in this page: site plan
next pages: perspective view, zenital view, plan and frontal view of one of the supercube

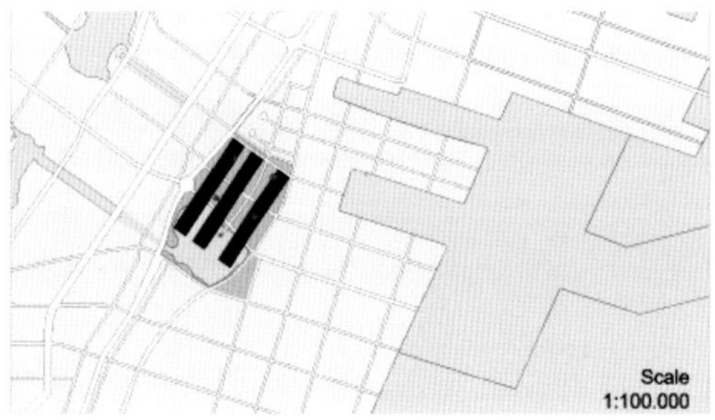

FRANCO PURINI, Rome
with A. Riciputo, D. Mingarelli, D. Nencini, F. Menegatti, S. Petrolati

The urban-planning scheme suggested for the new Ling Gang settlement, which aims to extend the city of Tianjin, is a sort of bar code governing spaces according to a simple structure, albeit complex at the same time. The intervention includes the construction of three bars which are kept together by two green stripes having a different width. The construction of the bars is organized on the basis of a 60m x 60m square module. This module grants the three units – almost like three small linear towns – a metric uniformity that, drawing on a famous assertion by Marc Antoine Laugier, allows a town to be obtained where rules and variations coexist at the same time. Furthermore, the recourse to modules allows the presence of perceptible spatial harmony, and proportion of the parts in the town. The project focuses on a number of goals. Amongst these, the presence of abundant public spaces which, as systems of interconnected urban sites aiming to facilitate social relationships are a necessary condition for the implementation of the "Better City, Better Life" programme that the Expo 2010 Shanghai exhibition put at the centre of global attention; the sustainability of the building fabric and of individual buildings; the coherent spreading of green areas around built areas; an accentuated typological articulation. The latter may become an effective antidote to the mechanical repetition of those like buildings that cause monotony and disorientation. The settlement rejects the zoning of separate areas and the consequential hierarchization of urban pattern and fabric thus favouring a punctual distribution of all the urban components within the whole settlement. In this manner no differences in value will be created between different parts of the town, which, on the contrary, will be totally equivalent, both with regard to their functional organization and morphological texture. The new town is therefore compact and airy, open and closed, self-determined and labile; it's the same old self but also different in every point, finished and unfinished, comprehensive and partial. The three bars enter the lake and the reflections of the architecture in the water evoke ancestral echoes that make East and West rejoin, with unsuspected and mysterious accents.

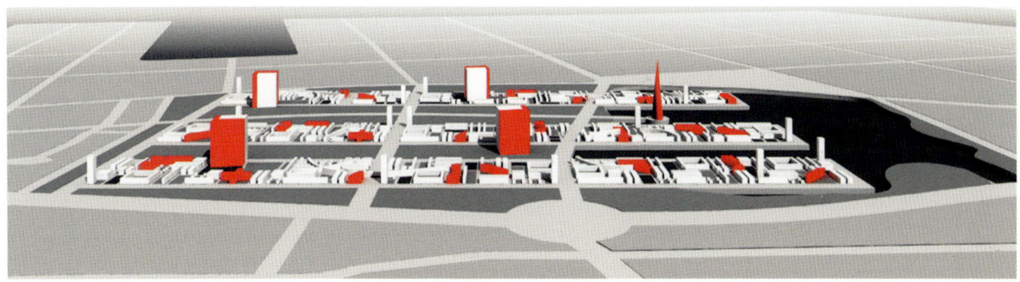

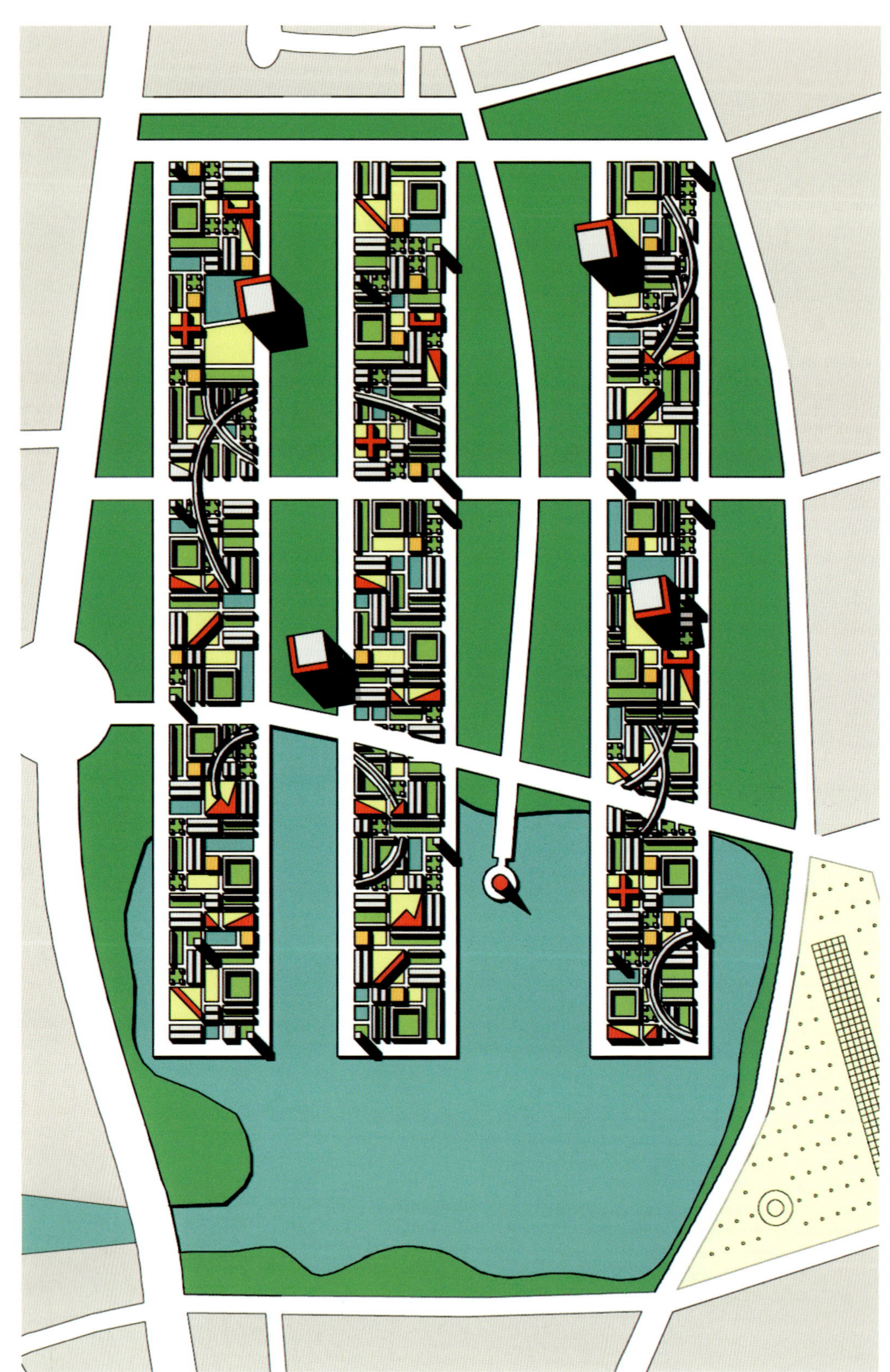

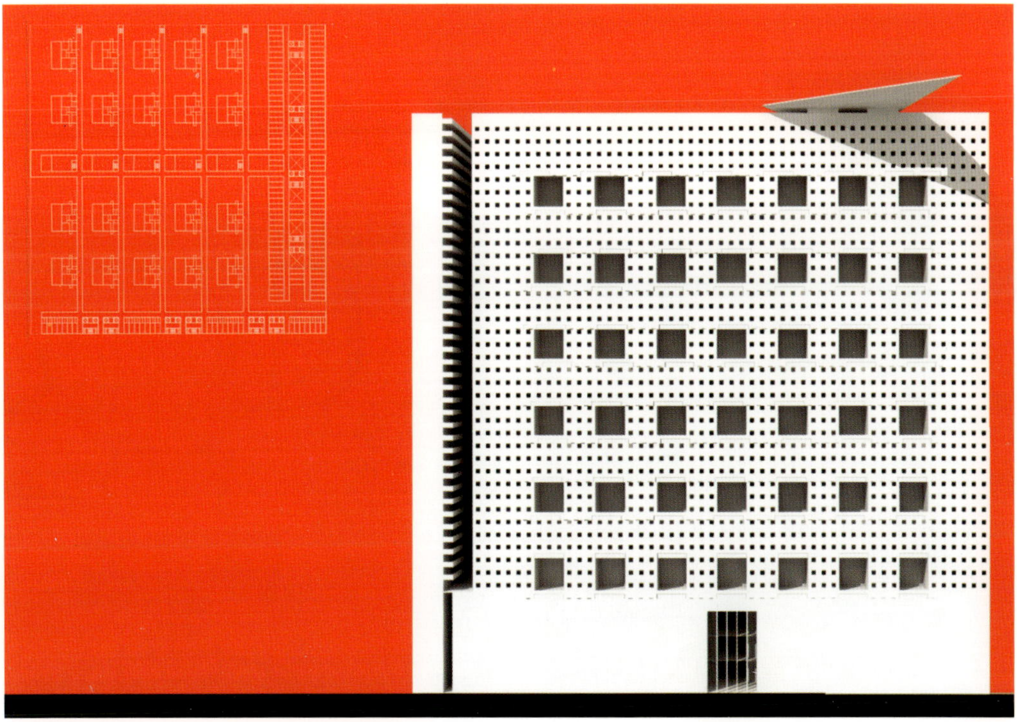

LUCIANO SEMERANI, Venezia
con A. Gallo, G. De Michiel, F. Ferretto

Sono ormai cinquant'anni che penso che una città' migliore debba muovere da alcune considerazioni. Esse sono diventate ancora più attuali: La prima fra tutte è la coscienza che le tecniche e le soluzioni applicate alla scala della città del XIX secolo non sono utili nella conurbazione e nella metropoli del XXI; La seconda che non c'è costruzione se non c'è distruzione; La ricostruzione poi, come la conservazione, è sempre rifondazione. La Cina, il Brasile, l'India che per crescita demografica, economica, culturale e scientifica sono alla testa dello sviluppo hanno la stessa responsabilità, nei confronti degli altri popoli, che Venezia e Firenze ebbero alle soglie del Rinascimento; Le "nuove dimensioni" dettano non solo un ruolo "paesaggistico" alle infrastrutture, un valore "monumentale" ai grandi impianti, un significato "sociale" ai parchi urbani ma suggeriscono nuove "esperienze percettive" dello spazio antropizzato, fondate su rapporti di "attrazione e repulsione" tra le forme nel cielo, sull'addensamento per "grappoli" dei molti centri, sul "grattacielo" come "personaggio". **Il grattacielo** ha la proprietà di stabilire relazioni molteplici su distanze mai viste. L'energia vettoriale ortogonale alla crosta terrestre di cento grattacieli realizza una rete policentrica di fuochi a 100 – 200 – 300 metri di altezza.

La stratificazione dei piani, la smaterializzazione dei solidi, il nuovo, inaudito, plateale gioco chiaroscurale della luce sulle superfici appartiene alla spazialità futurista. Se l'armatura spaziale nordamericana si è basata sull'isometria, il ribaltamento a specchio dei solidi, nelle nuove metropoli asiatiche impera la disarmonia. Il grottesco e l'ironia della caricatura entrano a far parte del "design", riprendendo la banalità dei "cartoons". **Il parco** materializza una liberazione dal costume dei controlli paesani e degli incontri borghesi. E' totalmente esterno al costruito e ospita, come la balconata lungofiume e lungomare, i grandi flussi della "promenade" serenamente solitaria. **Le nuove centralità** sono i centri commerciali, ospedalieri e/o culturali e/o sportivi, gli aeroporti, gli stessi quartieri residenziali e per uffici. Lo spazio interposto tra queste "masse" potenti, se occupato da vecchi insediamenti e superfetazioni, da periferie diventate interstiziali, va vuotato. **La rete infrastrutturale** sopraelevata, meccanizzata, va interconnessa dalla geometria ai raccordi, ai terminali, alle stazioni di cambio di velocità. In tutto il mondo queste invenzioni ora diventano necessarie, e in parte sono già state realizzate. **Il quartiere antico** a grandezza conforme va gestito come un'unica architettura.

LUCIANO SEMERANI, Venice
with A. Gallo, G. De Michiel, F. Ferretto

For already fifty years now, I've thought that an improved city should set forth starting from a few considerations. At present, such questions have become even more critical: The first and foremost is an awareness that the techniques and solutions applied to the city-scale of the nineteenth century are no longer useful in the conurbations and metropolises of the twenty-first century; The second is that there cannot be construction if there is no destruction; Reconstruction then, as with conservation, is always a process of re-foundation. China, Brazil, India are now at the forefront for cultural and scientific development as well as demographic and economic growth; and they now have the same responsibility towards other populations that Venice and Florence had at the dawn of the Renaissance. Such "new dimensions" prescribe a "landscape" role to infrastructure, a "monumental" value to large scale installations, or a "social" significance to city parks, while also suggesting new "perceptual experiences" of lived-in spaces, based on reports of "attraction and repulsion", "shape formations" in the sky, the "cluster-style" densification of many town-centres, and the "skyscraper" as a recognisable "figure". The **skyscraper** *has the ability to establish multiple relationships over divstances never before seen. The orthogonal vectorial energy at the earth's crust of one hundred skyscrapers creates a polycentric network of focal points, at 100, 200, and 300 meters of height. The stratification of their storey-levels, the dematerialization of solids, the unprecedented newness and dramatic contrasts of light on the surface belong to a futurist spatial scheme. While north-American spatial armour was based on isometrics space, the mirror reflection flip side of that is found in new Asian cities where disharmony reigns. The grotesque and the irony of caricature become part of the "design", echoing the outlandishness of "cartoons". The* **park** *reifies a liberation from the country customs of control and middle-class meeting points. It is completely external to what is built and, like riverside overlooks and waterfront walkways, it hosts the large flux of the serenely solitary "promenade". The* **new centrality** *is made up of shopping centres, hospitals and/or cultural centres, and/or sporting facilities, airports, even living quarters and offices. The space between these strong "masses", when occupied by older buildings and accumulated structures –deriving from suburbs turned interstitial agglomerate- must be emptied. The* **infrastructure network** *elevated and mechanized, should be geometrically linked to the node connectors, and terminal stations of high-speed transfers. Worldwide, these inventions have now become necessary, and a few of them have already been implemented. The* **historic quarter**-*at a compliant scale, must be managed as a single architectural unit.*

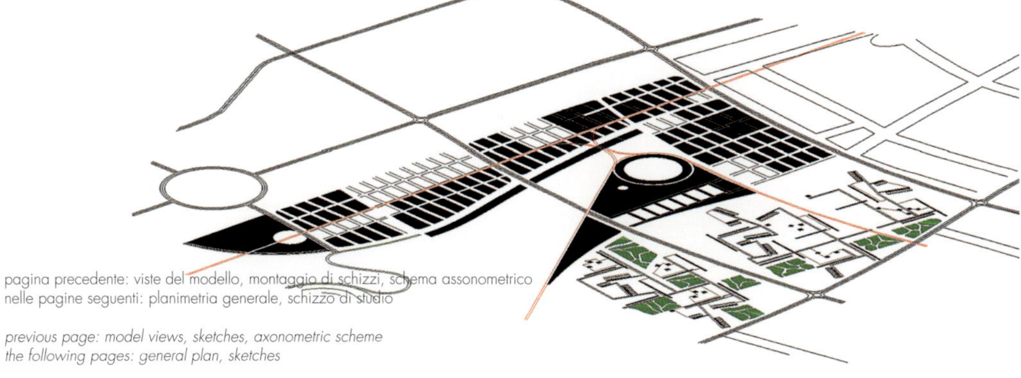

pagina precedente: viste del modello, montaggio di schizzi, schema assonometrico
nelle pagine seguenti: planimetria generale, schizzo di studio

previous page: model views, sketches, axonometric scheme
the following pages: general plan, sketches

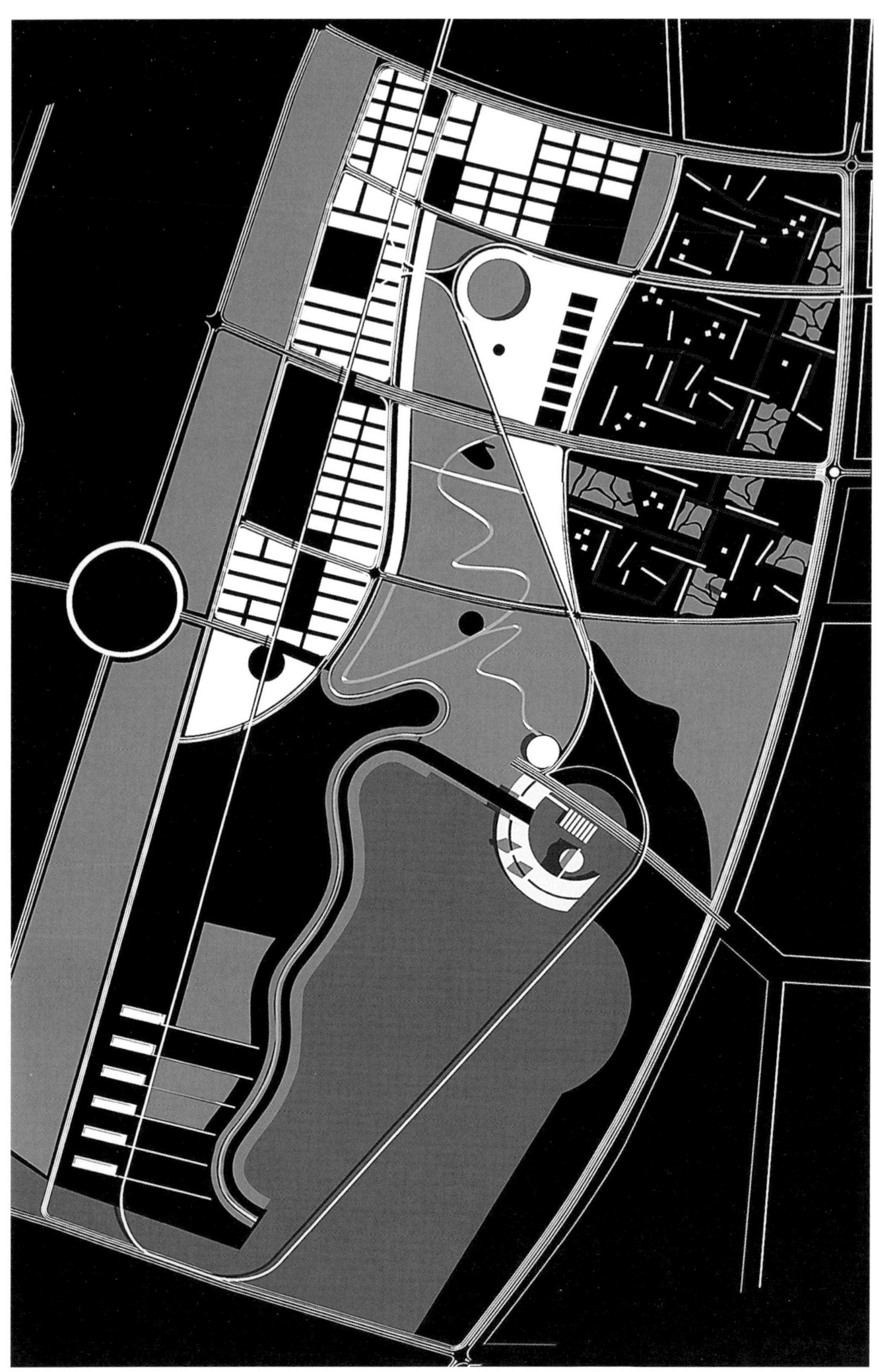

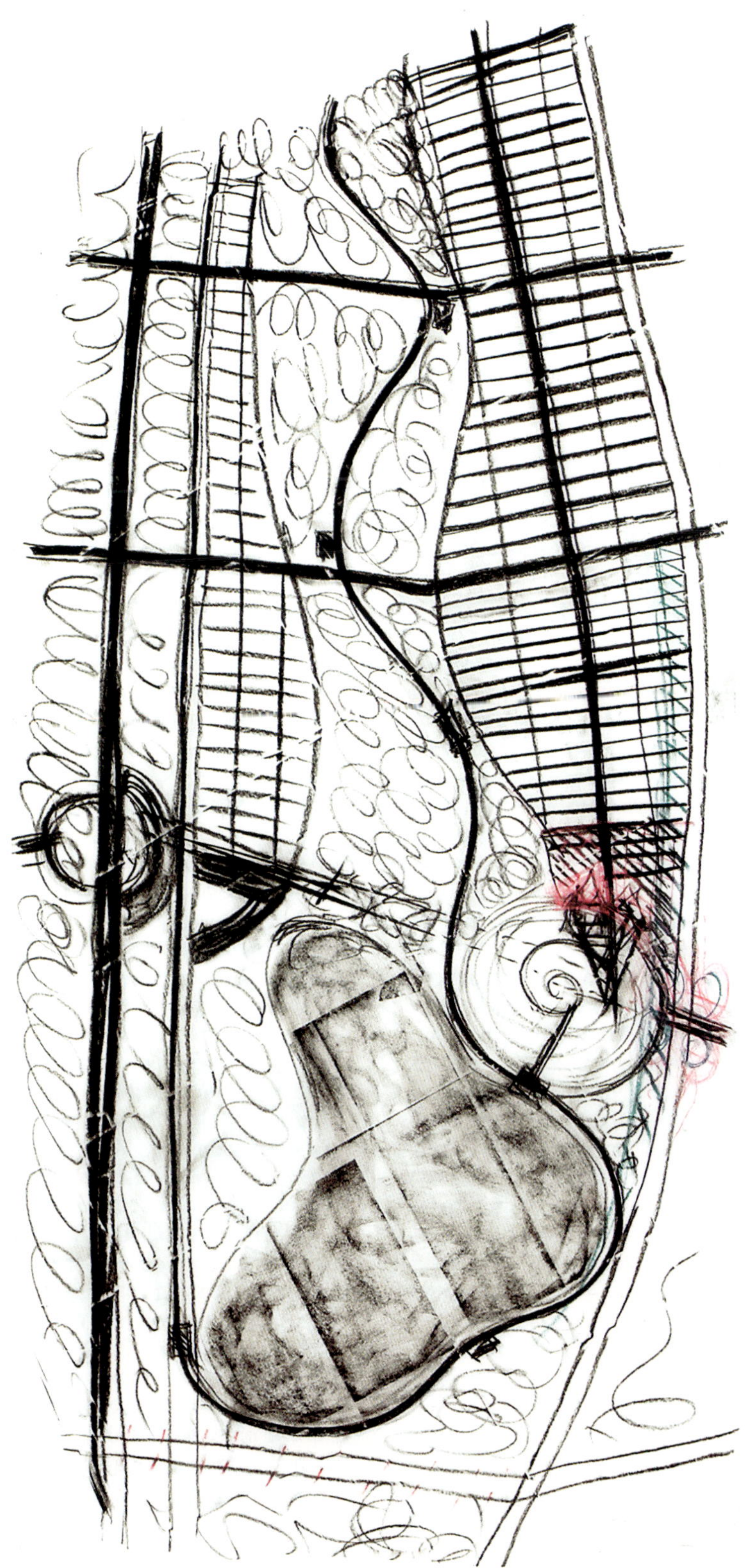

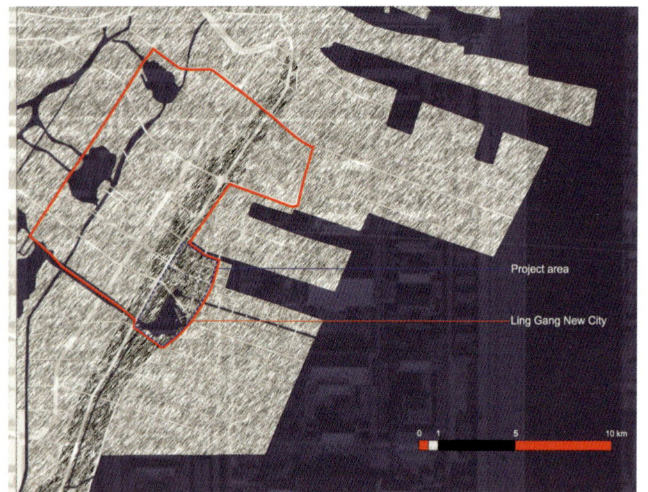

Project area
Ling Gang New City
0 1 5 10 km

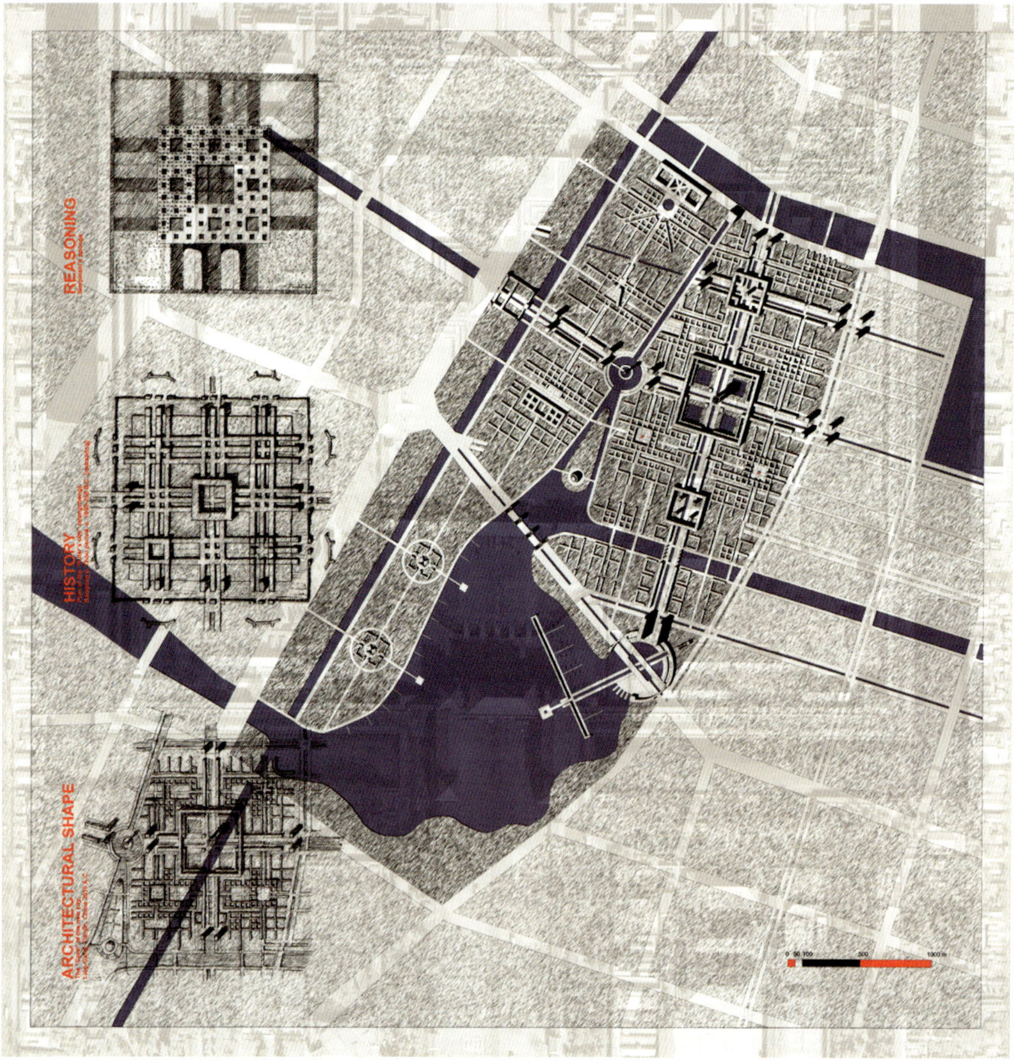

REASONING
HISTORY
ARCHITECTURAL SHAPE
0 50 100 500 1000 m

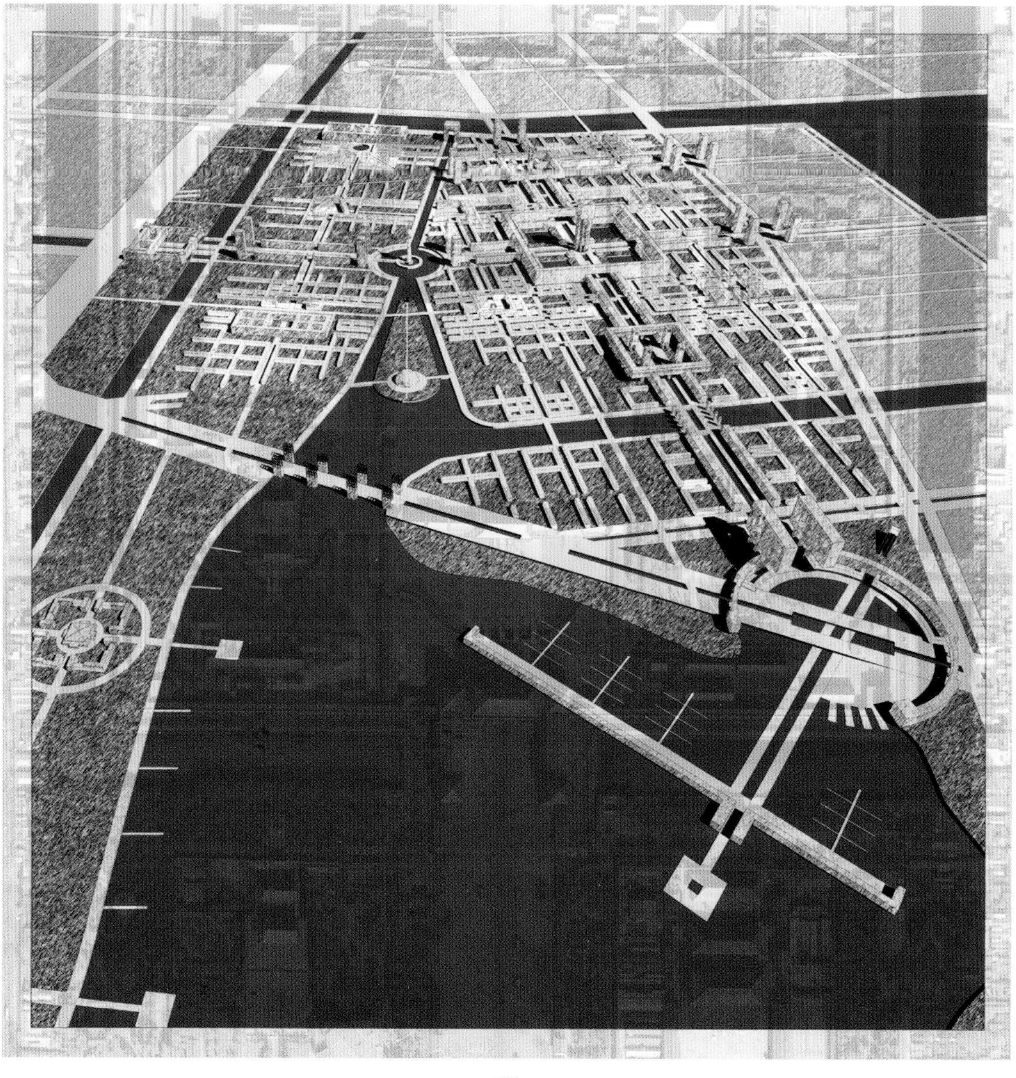

LAURA THERMES, Roma
con P. Albanese, F. Ciappina, A. De Luca, F. Messina, A. Russo, G. Scarcella

La proposta mette a confronto l'estensione infinita e continua della città cinese con modelli urbani tratti dalla storia dei centri minori italiani. Alla scansione infrastrutturale proposta dal piano per l'insediamento urbano di Ling Gang, ampliamento della città di Tianjin, vengono sovrapposte nove *zolle* di differenti forme e dimensioni, ovvero unità insediative di grandezza conforme caratterizzate da un margine continuo, architettonicamente significativo, che evoca morfologicamente le antiche cinte murarie. Queste unità sono definite nel loro perimetro da canali d'acqua, alimentati dai bacini esistenti. Il basamento compatto e continuo, di 21,00 m di altezza, che contiene le residenze è solcato dalle strade e dalle piazze, spazi *misurati* per la vita di quartiere, unica garanzia per una gestione sociale della città, controllabile solo per parti autonome e autosufficienti. Un lato del basamento si *piega* e si *alza* per formare un edificio lamellare coronato dai pannelli per la captazione dell'energia solare, definendo un'immagine *fortificata* della

zolla. Le *lamelle* che ospiteranno i servizi pubblici e direzionali si definiscono come veri e propri *incubatori di sviluppo tecnologico e culturale*. Le zolle contengono un tessuto edilizio regolato da una metrica chiara e riconoscibile, tradotta in sequenze organicamente coordinate di spazi, una metrica in grado di favorire la realizzazione di un tessuto urbano dotato nello stesso tempo di omogeneità e di varietà. Un parco rurale occupa la parte libera del territorio. Esso è suddiviso in lotti agricoli conformi alla misura media delle coltivazioni cinesi e dovrebbe garantire un'adeguata autosufficienza alimentare.

La composizione dell'insediamento rinvia al Campo Marzio di Giovanni Battista Piranesi. In effetti essa si configura come un sistema di *frammenti* liberamente disposti sul suolo come a rappresentare un'ideale *forma urbis*. Tale composizione assicura una grande libertà spaziale nel momento stesso in cui il suo disegno appare strutturalmente solido e formalmente *necessario*.

planimetria generale, prospettiva a volo d'uccello su una delle *zolle;*
pag. seg.: viste, planivolumetrico dell'intervento e vista prospettica d'insieme

LAURA THERMES, Rome
with P. Albanese, F. Ciappina, A. De Luca, F. Messina, A. Russo, G. Scarcella

The proposal intends to compare the infinite and continuous expansion typical of Chinese towns with urban patterns drawn from the history of Italian minor settlements. The infrastructure scan suggested by the Plan for the urban settlement of Lingang, as an extension to the town of Tianjin, overlaps with nine sods of land having various shapes and sizes, that is settlement units of varying size, characterized by a continuous border, which is meaningful from the architectural point of view and evokes the morphology of ancient boundary walls. The perimeter of these units is marked by water channels, fed by existing basins. The 21 metre-high compact and continuous base, hosts the housing units and is furrowed with roads and squares, such spaces having sizes appropriate for suburban life, the only thing that guarantees the social management of the town, controllable only as a set of independent and self-sufficient parts. One side of the base bends and rises to make a lamellar building, crowned by panels capturing solar energy, thereby defining a fortified image of a sod of land. The lamellae hosting public and management services are defined as outright technological and cultural development incubators. The sods of land reveal a building fabric with a clear and recognizable metric, which translates into a coordinated set of organized space sequences. This metric facilitates the creation of an urban fabric suggesting both homogeneity and variety at the same time. A rural park occupies the remaining area. The park is split into agricultural plots, each compatible with the average size of Chinese cultivated areas, to the purpose of ensuring adequate food self-sufficiency. The settlement arrangement recalls the Campo Marzio engravings by Giovanni Battista Piranesi. In fact, it appears as a system of fragments freely scattered on the ground as if to represent an ideal forma urbis (town plan). Such arrangement ensures great spatial freedom in the very moment when the drawing that represents it appears structurally solid and formally necessary.

site plan, a bird's eye view on one of the zolla; following pages viewed, zenital view and perspective view of the entire

75

PAOLO ZERMANI, Firenze
con R. Butini, E. Tessoni, A.I. Volpe, collaboratori: E. Ghisi, S. Zocco

Città coloniale Tianjin testimonia, nella sua struttura esistente, la presenza di variegati quartieri di ascendenza architettonica occidentale, diversa dal modello d'impianto orientato nord-sud proprio alla città cinese. Il luogo dove dovrà sorgere la nuova città è tuttavia altresì segnato dalla permanenza dei caratteri agrari, le risaie, disposte nel loro straniato ordine ortogonale, bagnato dall'acqua e moltiplicato dal riflesso.

La nuova misura della città non può che rilevare questo complesso equilibrio composto di differenze. Il progetto della nuova città nasce attraverso l'impronta di una maglia ortogonale di 90 x 90 metri lineari, che si sviluppa disponendosi nella forma riconoscibile e definita di un grande quadrato.

L'impianto iniziale è corroso, sul lato sud-est, dal progressivo contemporaneo erodersi e sfaldarsi dell'edificato verso il lago, attraverso acqua e verde. Su questa direzione di crescita gli edifici pubblici identificano nella maglia la propria traccia di fondazione privilegiandone, di volta in volta, i diversi lati, per poi svilupparsi in verticale. La nuova città assume così la sembianza, fra terra e acqua, di un archeologia rovesciata e provvisoria.

disegno di studio dell'impianto urbano e dello spazio tra gli edifici verticali
pagine seguenti: planivolumetria dell'intervento e vista prospettiva d'insieme

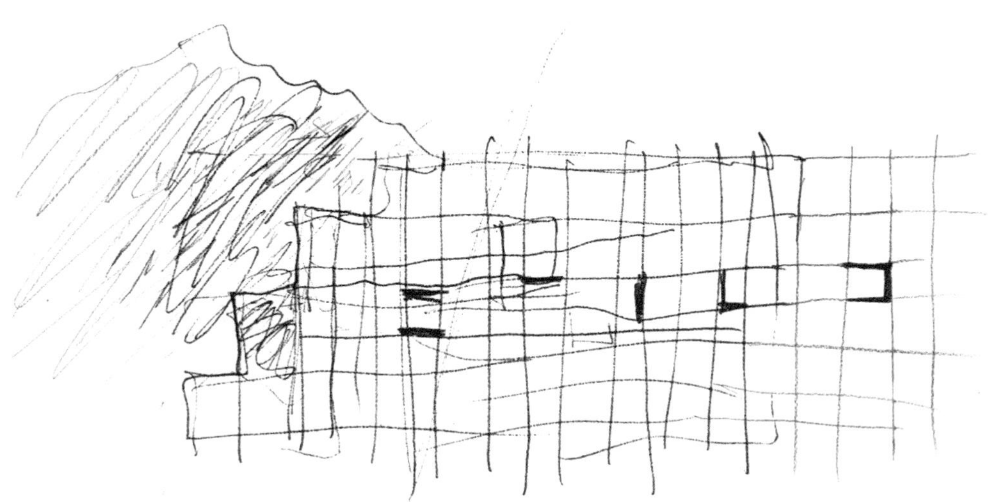

PAOLO ZERMANI, Florence
with R. Butini, E. Tessoni, A.I. Volpe, coll.: E. Ghisi, S. Zocco

The colonial city of Tianjin testifies, in its existing structure, the presence of variegated neighborhoods of Western architectural characters, different from the plant model oriented north-south of the Chinese city.
The place where the new city will arise, however is also marked by the permanence of agrarian measures, rice paddies, placed in their unusual orthogonal order, wet by water and multiplied by reflex.
The new measure of the city cannot but detect this complex balance made up of differences. The draft of the new city was founded by the im-print of an orthogonal grid of 90 x 90 meters, which develops disposing in the defined and recognizable form of a large square.
The initial system is corroded, on the south-east side, by the progressive contemporary erosion and flakingh of the building towards the lake, through water and green. On this direction of growth the public buildings identify in the mesh of its track foundation while promoting, in turn, the different sides, then grow vertically.
The new city thus assumes the appearance, between land and water of a temporarily reversed archaeology.

sketches of site plan and between the vertical buildings
following pages: zenital view of the intervention and perspective view

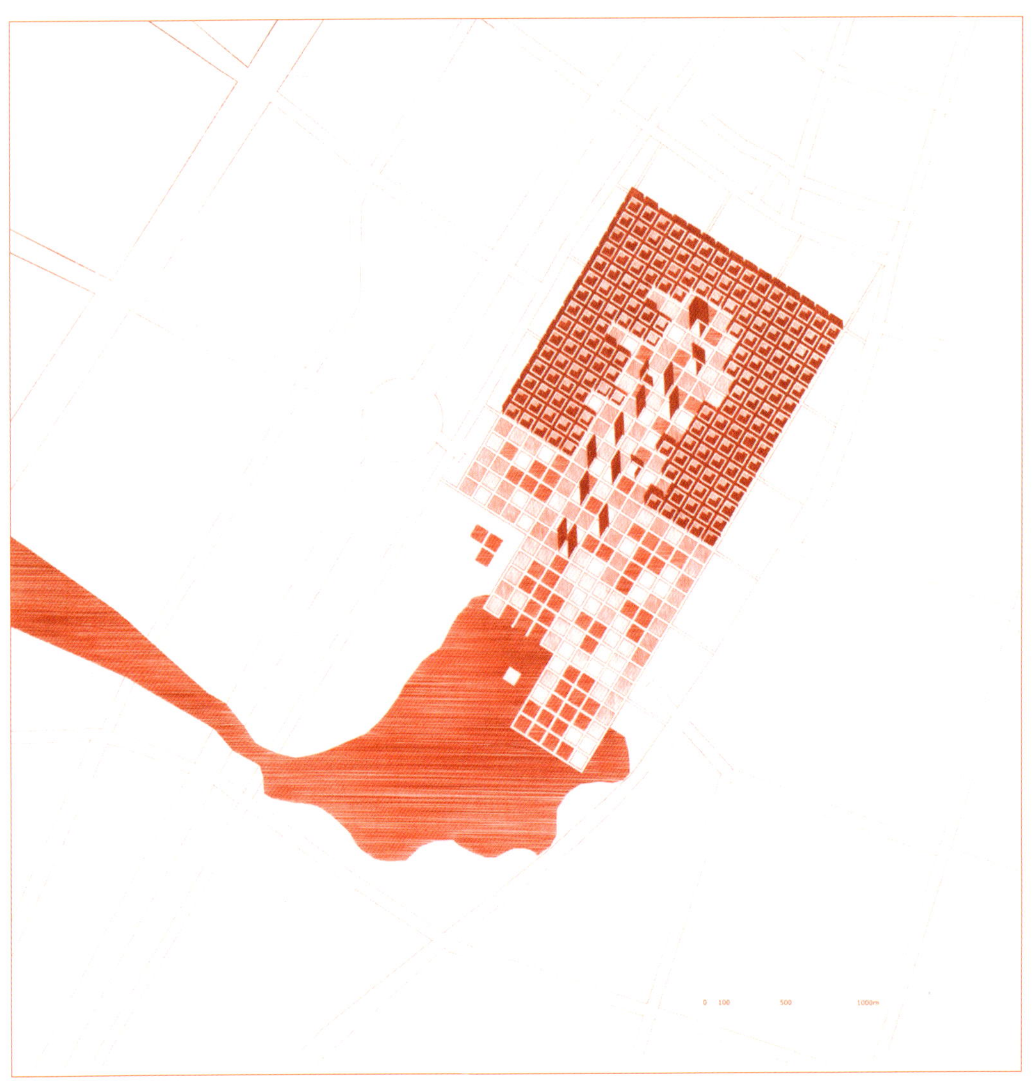

0   100   500   1000m

CONTRIBUTI / *ESSAYS*

Nicola Carrino
Dall'arte alla città

Il rapporto arte e città non è questione dell'oggi ma per condurci all'attualità vanno chiarite le motivazioni e le legittimità di un tale rapportarsi, che pone a denominatore comune lo spazio e l'agire progettuale. In anni recenti si è entrati direttamente nella città, nel clima dell'installazione trasformativa, intendendo da parte degli artisti e degli architetti, superare l'"estetico", prodotto nella virtualità del progetto e nell'idealità del museo, per entrare nel vivo partecipativo ed attuativo del sociale e del politico.

In tale prospettiva si va realizzando a mio avviso quella che da tempo intendo definire come "arte politica dei luoghi urbani e del paesaggio" che al luogo pone attenzione nella sua identità di tradizione e cultura, specifica e particolare, derivandone da esso nelle nuove realizzazioni per interventi plastici ed architettonici che risultino in sintonia tra loro ed il contesto ambientale di attuazione.

Infatti, nell'arte dei luoghi urbani e del paesaggio la produttività plastica ed architettonica non può essere considerata in separazione, sì che il prodotto plastico risulti a posteriori nei confronti del progetto architettonico, come puro fatto di ornamento, ma va considerata in insieme per realizzarsi unitariamente in identità plastica ed architettonica, sin dal primo progettarsi. Determinando le necessità del progetto, il superamento delle singole visioni e aspettative disciplinari, pur ponendole in gioco e attentamente manifestandole, per esprimersi in prodotto unitario o unitariamente differenziato.

In tale misura può realizzarsi e si realizza, a mio avviso, la possibile sintesi delle arti già preconizzata nei vari percorsi storici della progettazione. Constatando in effetti, per quanto riguarda il particolare ambito progettuale della scultura, che nel rapporto dell'eventuale committenza pubblica, ci si trova non più a definire il solo oggetto plastico, in relazione al luogo di intervento, quanto a progettare o riprogettare in senso architettonico il luogo stesso, per una risoluzione unitaria del progetto plastico e della resa urbana.

Processo in parallelo esplicantesi nell'iter procedurale del progetto architettonico.

Si desume quindi che il progetto della città necessita attuarsi nella sola intesa dimensione unitaria del visivo plastico-architettonico dell'arte e nelle sole possibili risposte unitarie, richieste dell'urbano necessario.

In tal senso l'orientamento operativo deve prodursi come "arte totale dello spazio", rimanendo parametro indiscusso l'agire progettuale. Combinazione interrelata delle diverse arti, disciplinari e innovative, come "arte della complessità", in insieme di spazio, luogo, metodo, materiali ed intenti espressivi, muovendosi gli artisti nell'urbano, con le regole e le esigenze dell'architettura e gli architetti nell'abitabilità, secondo le indicazioni di spazio e di forma espresse dalla ricerca plastica.

Finalizzando in insieme le arti, alla città, al convivere civile nell'urbano organizzato delle espressioni volumetriche costituenti gli agglomerati abitativi e distributivi dell'architettura.

Determinandosi la città come il tutto dell'arte, non solo architettonico, quanto e soprattutto esistenziale, che dei simboli della forma e dei valori dell'estetico si avvale, per farne ragione di vita urbana.

La città dovrebbe essere bella e significante in questo senso come tante volte idealmente disegnata. Rimanendo la città prodotto dell'arte e, per converso, o identitariamente, l'arte, urbanistica in azione, principio che produce il demos.

L'arte nel confronto con la città, come la città nei confronti dell'arte è ragione stessa del vivere e sussistere dell'uomo, il cui primo segno è stato artistico ed il cui principio risulta ognora ispiratore di ogni nuova possibile urbana costruttività.

The relationship between art and the city is not a question of today but in order to lead us to the present, the motives and legitimacy of such a relationship need to be clarified, which set space and planning as a common denominator. In recent years we have entered directly into the city, in the climate of a transformative installation, meaning on the part of artists and architects, overcoming the 'aesthetic', produced in the virtuality of the project and idealism of the museum, to enter into live participation and implementation of social and political life.

In my opinion, in this context, that which I defined for a long time as being "political art of urban places and landscapes" is being created - that which pays attention to tradition and culture of places in their identity, both specifically and in particular, deriving new plastic and architectural models and works that are in harmony with one another and the environment where they are built.

In fact, in the art in urban spaces and the countryside, plastic arts and architecture cannot be considered separately, so that the plastic product is not just considered to be purely ornamental, but should be considered together to achieve a unified plastic and architectural identity, from the initial design. Determining the needs of the project, exceeding individual visions and the expectations of disciplines, while carefully

bringing them into play and attentively displaying them, to express oneself in a single product or a distinguished unit.

In such a way, in my opinion, the possible synthesis of the arts already foretold throughout the history of design can be and is implemented. Noting, in fact, the particular project area of the sculpture, which in the context of any public commissions does not define the plastic object in relation to the place of existence anymore, but rather designs or redesigns the place itself in an architectural sense, for a coherent resolution of the project with urban production.

A parallel process carried out in the course of architectural design.

It follows then that the project in the city should be implemented in one single visual plastic-architectural dimension of art and in the only possible unitary responses, demanded by the necessities of the urban area.

In this sense, operational guidance should be produced as a "total art space", with the act of design remaining the undisputed parameter. An interrelated combination of various innovative and disciplinary arts as "the art of complexity," a mixture of space, place, method, material and expressive intent, moving artists throughout urban areas, with the rules and requirements of architecture and architects for habitation, according to indications as to space and form expressed by plastic research.

Combining all of the arts with the city, to civil coexistence in urban areas, organised in expressions of volume making up housing districts and architectural distribution.

Determining the city as art in its entirety, not only architecturally, especially as a place to live, which uses symbols of form and aesthetic values to give reason to urban life.

The city should be beautiful and meaningful, ideally designed in many ways. The city should remaining a product of art and, conversely, by identity, art, an example of urban planning in action. It embodies a principle that produces demos.

Art in comparison to the city, like the city in comparison to art, is the very reason for the existence of man there, whose first sign was artistic and whose principle is eternally inspiring for every possible new example of urban constructiveness.

in questa e nelle pagine precedenti: disegni di studio delle sculture urbane

previous and these pages: studies of urban sculptures

Vittorio Gregotti
Cina: opportunità e contraddizioni

Riflettere dal punto di vista del lavoro di architettura intorno alla Cina è oggi assai più difficile che quarantacinque anni or sono quando, per la prima volta, visitai quel Paese. Difficile non solo per il travolgente e fastidioso interesse dei nostri anni verso di essa come mercato e come impetuoso concorrente, non solo in quanto progressivo abbraccio sopra la Cina maoista di una forma disciplinata, impietosa ed efficace di capitalismo finanziario, ma anche perché la costruzione dell'architettura si scontra, attraverso tale interpretazione, con una serie di deviazioni e di mistificazioni che tendono a rendere irrintracciabile (o solo folcloristico) l'immenso, prezioso, anche se forse ripudiato, patrimonio di una civiltà altra e profonda e delle sue recenti trasformazioni. Nello stesso tempo, proprio l'architettura pretende di pensare come fatale il trasferimento senza mutazioni dei valori promossi dall'attuale stato della propria cultura , stato che io giudico di profonda crisi, che dovrebbe invece trovare nella relazione con la Cina, motivi per una discussione intorno a sé stessa. E questo sembra vero dal punto di vista della stessa Cina; a meno che valga ancora, anche per la sua architettura futura, il monito di Mao: "Imitare l'occidentale per renderlo cinese". Cioè pensare la Cina ancora come civiltà anziché come nazione: anche se questo è diventato sempre più difficile.
Perché la difficoltà per la Cina di diventare una nazione moderna nel momento storico delle crisi degli stati-nazione passa attraverso ad una fatale fase di rigetto della propria civiltà che forse tornerà a contare in modo nuovo in futuro. Anche se talvolta, cioè, si è indotti a pensare che, per la cultura cinese, non è la differenza rispetto al pensiero occidentale che conta quanto l'indifferenza rispetto ad esso. Rappresentare criticamente, per mezzo dell'architettura, la particolare condizione di mutazione in cui la Cina si trova, più di settant'anni dopo la rivoluzione della "Lunga marcia", il modo in cui i suoi processi di modernizzazione e di faticoso rintracciamento critico della propria storia si mescolano a tutte le aspirazioni competitive nei confronti dei valori istituiti dalla globalizzazione del capitalismo occidentale, cioè "dell'estraneo indispensabile", è, anche per l'architettura, una impresa difficilissima.
L'esperienza di lavoro del nostro studio in Cina è cominciata nel 1998 con l'invito a partecipare al concorso per il complesso teatrale di Pechino, tra Città Proibita e piazza Tienanmen. Il concorso fu poi sospeso e il governo cinese accettò l'offerta di Parigi di offrire il progetto. Poi, due anni più tardi, fummo invitati al concorso per la New Town di Pujiang di 100.000 abitanti che abbiamo vinto e di cui stiamo costruendo una parte con difficoltà crescenti. Da allora naturalmente dopo Pujiang siamo stati, in questi ultimi sette anni, chiamati a collaborare ad una dozzina di altri progetti ed invitati ad altri concorsi in varie città cinesi. L'ultimo di essi è a Shanghai il concorso per il raddoppio del CBD di Pudong che abbiamo vinto nel 2009 e che è in corso di elaborazione.
Nell'insieme l'esperienza di architettura in Cina mi pare sia stata sino ad ora per noi nello stesso tempo esaltante e deludente. Esaltante perché ci ha costretto al confronto con ragioni diverse che ho cercato di spiegare nella prima parte di questo scritto, deludente perché, avviati sul sentiero dei progetti di grandi complessi urbani perché siamo stati protagonisti di una serie di tentativi non soddisfacenti di assegnare nuovamente al disegno urbano dei grandi insiemi un ruolo importante nella nuova cultura cinese, deludente nonostante la cultura della città rappresenti proprio la tradizione più alta e continua nei millenni dell'architettura cinese.

Vittorio Gregotti
China: opportunities and contradictions

Thinking about architectural work in China is rather more difficult nowadays compared to forty-five years ago when I visited this country for the first time. It is difficult, not solely due to the all-enveloping and annoying interest of recent years in this country as a market and vehement competitor, not only as a progressive embracement above Maoist China of a disciplined, efficient and ruthless form of financial capitalism, but also because the country's architecture, through this type of interpretation, meets with a range of deviations and misrepresentations that tend to make the huge, precious, although perhaps disavowed heritage of another, deep-lying heritage and its recent transformations untraceable (or just folklore). At the same time, it is the architecture itself that wants to think of this transfer without changes to the values promoted by the current state of its culture as fatal, a state that I judge as being in a deep crisis, that should instead find reasons for discussion about itself in relations with China. This seems to be true of China itself; unless Mao's warning, "Imitate the Western world to make it Chinese", still applies, also in reference to its future architecture. I.e. still thinking of China as a civilisation rather than as a nation: although this has become increasingly difficult.

China's difficulty in becoming a modern nation in this historical moment of crises for state-nations is going through a fatal rejection phase of its own civilisation, which will perhaps return to being important in a new way in the future. However, sometimes, one is made to think that, for Chinese culture, it is not the difference compared to the Western way of thinking that is important, but rather the indifference towards itself.

Critically representing in architecture the unique condition of change that China is undergoing, more than seventy years after the "Long March" revolution, the way in which its modernisation and arduous critical tracing of its own history is mixed with the country's competitive aspirations towards the values set up by Western capitalism globalisation, i.e. "of the indispensable irrelevant object" is an extremely difficult task for architecture too.

Our team's work in China began in 1998, after an invitation to take part in the tender for the Peking theatre complex, between the Forbidden City and Tiananmen Square. The tender was then suspended and the Chinese government accepted Paris' offer to offer the project. Two years later, we were invited to take part in the competition for the Pujiang New Town for 100,000 inhabitants, which we won and a part of which we are now building with increasing difficulties. Since then, in the last seven years after Pujiang, we have obviously been called upon to work on a dozen or so other projects and invited to take part in other competitions in several other Chinese cities. The latest of such cases is in Shanghai, the competition for doubling the size of the Pudong CBD, which we won in 2009 and which is now being drawn up.

On the whole, experience of architecture in China has so far been both disappointing and exciting for us. Exciting because it has forced us to compare different types of reasoning that I tried to explain at the beginning of this article, disappointing because, once started along the path of large-scale urban projects, we were the key players in a series of failed attempts to allocate an important role to large-scale urban developments in the new Chinese culture, disappointing in spite of the fact that city culture is the highest form and continuing tradition of the thousands of year of Chinese architecture.

Peraltro basta osservare quello che succede nelle periferie delle grandi città europee (ed in particolare di quelle italiane come Roma, Milano o Napoli ma anche al comportamento indifferente a storie e contesti di molti professionisti europei che lavorano allo sviluppo urbano cinese) per rendersi conto che altrettanto sta capitando rovinosamente in quasi tutto il mondo che non riesce più a riconoscere nel linguaggio dell'architettura un senso di civile necessità o almeno di mediazione sociale alla propria pratica artistica.

Vittorio Gregotti, planimetria generale della città di Pujiang · general plan of Pujiang

If we take a look at what is happening in the outskirts of large European cities (in particular Italian ones such as Rome, Naples, or Milan, or at the indifferent attitude to history and context adopted by many European professionals who work on Chinese urban development), we can see that that same disaster is happening almost the world over, a world that can no longer recognise a sense of civil need or of social mediation in its own artistic habits within the language of architecture.

Vittorio Gregotti, Promotion Centre della città di Pujiang - Promotion Center of Puijang

Francesco Moschini
Il progetto come memoria di un'altrove

C'erano, lo confesso, da parte mia, alcuni motivi di perplessità attorno ad un'operazione culturale ed espositiva come quella che mi accingo a presentare dedicata a "L'Architettura italiana per la Città cinese", incentrata su alcuni progetti per Ling Gang_Tianjin, che andavano dall'evidente sproporzione tra il gigantismo dell'operazione progettuale e la ridotta tempistica per giungere alla formulazione di risultati confrontabili, alla inafferrabilità del tema, per la sua distanza storico-geografica e concettuale, alla difficoltà di pensare un progetto, per come siamo abituati in occidente, che non sia di lenta, paziente e graduale sovrapposizione ad una stratificazione e sedimentazione di segni che, soli, permettono di capire come andare oltre,o, in alternativa la conoscenza di segrete armonie ancestrali che possano preludere a possibili ipotesi di città di fondazione di matrice orientale, alla forzata mancanza interlocutoria tra forma architettonica e ragioni esterne al progetto come elemento imprescindibile di necessità urbana. Infine, oltre alle questioni più direttamente legate alle difficoltà del progetto, potevano dare adito a fraintendimenti la ristrettezza del numero delle personalità della cultura architettonica contemporanea italiana coinvolte nell'operazione, immaginandomi che dovesse essere rivolta ad un numero più ampio di progettisti, magari con maggior diversificazione generazionale, al suo essere circoscritta, nella scelta degli inviti ad elaborare un progetto, esclusivamente agli accademici nazionali di San Luca, con inattese inclusioni, poche peraltro, al di fuori di quelle strettamente "accademiche", e la novità della sovrapposizione tra chi curava, e, ancor più, chi coordinava, e chi era coinvolto nell'esposizione dei propri lavori in mostra. Ma sono stati proprio i risultati progettuali a convincermi a superare le esitazioni iniziali e a farmi ritenere l'invito dell'amico Franco Purini una straordinaria occasione per accostarmi a questi progetti come momento significativo per confrontare diverse, fondative e innovative posizioni all'interno della cultura architettonica contemporanea italiana su un tema peraltro inconsueto come quello di tornare a progettare una parte di città di così ampio respiro. Così come è accaduto nel mondo dell'arte, dopo estenuanti e sempre più evanescenti declinazioni concettuali pauperiste e multimediali, tra video, fotografia, installazioni e neoperformance, ormai ristagnanti in un prolungato stallo di pura accademia, finalmente si è tornati ad opere che sanno restituire, oltre che l'idea che le sottende, il profumo della pittura, non più avvertito come atto antiquato, allo stesso modo sembra riaffiorare, in queste proposte progettuali, finalmente un nuovo salutare rapporto con il progetto nella sua totalità di intenti con il suo proustiano ricorso alla memoria, al continuo rammemorare in filigrana. Certo le difficoltà sembravano insormontabili e quasi impari lo sforzo di intervenire in quella sfida globale della Cina nei confronti dell'attuale supermodernità, del colossale, come ha rilevato Vittorio Gregotti che da anni progetta e cerca, con alcuni significativi risultati sul piano della realizzazione concreta, di radicare le proprie intenzionalità progettuali in una nazione come la Cina, provando a stemperare le pretese estetiche e tecnologiche di quel paese troppo spesso rivolte ad una "costante ricerca della bizzarria formale, poco attenta al rapporto tra modernizzazione e sedimentazione storica della millenaria cultura architettonica urbana dell'impero cinese". Lo stesso, evidenzia che "oltre alle numerose difficoltà poste dall'esagerata densità, il fatto che la costipazione dei segni rende impossibile proprio la distinzione della loro singolarità, per quanto bizzarra e ricercata essa possa essere. Inquinamento fisico e inquinamento visivo corrono paralleli. Nel caso della Cina poi tutto questo è, in certo modo, il simbolo del suo passaggio (o regressione?) da civiltà a nazione, con il suo nuovo orgoglio di grande potenza ma con le difficoltà di un risorgere delle rivendicazioni regionali.... La grande metropoli è un fenomeno esistente ovviamente in tutto il mondo e studiato nelle sue diverse forme e nelle sue difficoltà di ragionevole controllo e di degradato sviluppo da più di cinquant'anni. La grande metropoli cinese moderna ha compiuto questo percorso in poco più di vent'anni, pur trattandosi di città costruite su nuclei già esistenti. Esse possono divenire un esempio significativo ma anche minaccioso di un nostro possibile futuro urbano

Francesco Moschini
The project as a memory of somewhere else

I have to confess I had some reasons for concern about a cultural event like the one I'm going to present, dedicated to "Italian Architecture for chinese Cities", focused on some projects for Ling Gang Tianjin, ranging from the apparent disparity between the huge nature of the operation design and the reduced time frame to achieve results comparable to the elusiveness of the subject, for its historical, geographical and conceptual distance, and the difficulty of thinking of a project, as we are accustomed in the West, that is not a slow, patient and gradual and overlapping stratification and sedimentation of signs that, alone, allow us to understand how to go above and beyond, or, alternatively, the knowledge of secret ancestral harmonies that could herald a possible hypothetical foundation of a city with Eastern roots, to the forced interlocutory absence between architectural form and external reasons for the project as an essential element of urban need. Also, in addition to issues more directly related to the difficulty of the project, the limited number of personalities from contemporary Italian architecture could have given rise to misunderstandings. I imagined that it would concern a wider range of designers, perhaps with more generational diversity, not that those invited to develop a project would only be the national academics of San Luca. There were unexpected inclusions, however, few outside of strictly "academic" circles, and there was the novelty of the overlap between those who organised and, more importantly, coordinated, and those involved in the exhibition of their works. But it was the project results themselves which convinced me to overcome my initial hesitation and make me treat the invitation from my friend Franco Purini as an extraordinary opportunity to approach these projects, as a significant chance to compare different, founding and innovative positions within contemporary Italian architecture on a subject as unusual as designing such an extensive part of the city. As happened in the art world, after exhausting and increasingly vanishing conceptual pauperist and multimedia variations, including video, photography, installations and neoperformances now stagnating in a prolonged stalemate of pure academia, there has finally been a return to works which give something back, not only the idea underlying it, but also the smell of paint. It is no longer perceived as old-fashioned act, in these project proposals, we see a return to a new healthy relationship with the project in the totality of its intentions, with its Proustian use of memory, the constant detailed remembrance. Of course, the difficulties seemed almost insurmountable, and the effort to intervene in the global challenge of China against current supermodern events, the colossal, as noted by Vittorio Gregotti who has been designing for years, and who has been searching, with some significant results in terms of practical implementation, to ground his design intentions in a country like China , trying to soften the aesthetic and technological demands of the country too often aiming for a "constant search for formal oddities, paying little attention to the relationship between modernisation and the historical sedimentation of the ancient urban architecture of the Chinese Empire." Gregotti points out that "in addition to the many difficulties due to the exaggerated density, the fact that the constipation of signs makes it impossible to distinguish their own uniqueness, as bizarre and sought out though it may be. Physical and visual pollution run parallel. In China's case all this is, in a sense, the symbol of its progress (or regression?) from civilisation to nation, with its new-found pride in its new capacity, but with the difficulties of a regional resurgence of demands.... The big city is a phenomenon which of course exists throughout the world and whose various forms and difficulties of reasonable control and degraded development have been studied for more than fifty years. The great modern Chinese metropolises have followed this course in just over twenty years, although they are cities built on already existing nuclei. They can become good examples, but can also threaten the future of our cities not only due to the speed of their expansion or because of their size (many cities around the world are of similar size), but for their acceptance, without exception of being "non-cities". It is this surrender of cities to become "non-cities" with no alternative civil vision that makes the missed opportunities in the last two

non solo per la loro velocità di espansione o per la loro dimensione (molte altre città del mondo hanno dimensioni analoghe) ma per la loro accettazione senza alternative di essere "non città". Ed è proprio questa resa della metropoli come "non città" senza alcuna visione civile alternativa che rende drammaticamente significative le occasioni perdute in diversissimi modi nell'ultimo ventennio, dai casi di violento sviluppo come quelli cinesi... Tutte hanno rinunciato non solo a ogni forma di utopia ma persino a ogni forma di sviluppo urbano ragionevole. Tutte avrebbero potuto cogliere occasioni storiche, tutte vi hanno rinunciato per indifferenza nei confronti del valore civile del disegno della città, per distrazione, per superficialità esibizionista, per incapacità, per convenienza o forse per impossibilità. Persino giustificate da teorie come quelle dello spazio immateriale della "città dei bits", dell'antiorganizzazione della "città generica" o reattive a quella dei neocomunitarismi conservatori". Ebbene, gli architetti coinvolti in questa "spericolata" sfida progettuale hanno saputo restituire non solo senso al progetto, ma, cosa ancor più straordinaria, trovare un filo rosso di continuità con la tradizione delle nostre migliori occasioni progettuali a grande scala, dalla formulazione di parti di città formalmente compiute, quali le sperimentazioni progettuali romane degli anni '30, tra cui la Città Universitaria, il Foro Italico fino all'esperienza dell'Eur, e le successive esperienze olivettiane, sino alle recenti autocommittenze di alcune memorabili Triennali milanesi, come quella dedicata a "Le Città Immaginate, un Viaggio in Italia". Certo, c'erano state altre occasioni progettuali fuori dall'ortodossia tutta italiana per pensare la città ex-novo, si pensi all'esperienza inglese delle New Towns, o a quella francese delle Villes Nouvelle, ma, nel loro essere meno attente alla lezione ottocentesca delle Garden City e più protese invece a soluzioni funzionali e quantitative, sembravano più riferite all'immediata riconoscibilità attraverso un'esibita cifra stilistica, dal brutalismo di alcune proposte anglosassoni alle esasperate differenziazioni altimetriche delle più dispersive e diluite proposte francesi. Ma forse in questi nuovi atti fondativi sembra affiorare la stessa forza d'immagine delle nuove capitali del secolo scorso, dalla Brasilia di Niemeyer e Costa in cui laconiche figure elementari campeggiano nell'incommensurabilità dei vuoti alle esasperazioni dimensionali dei grandi oggetti a reazione poetica della lecorbuseriana Chandigar alla ieraticità kahniana di Dakka, con il suo sperimentalismo tra artificio e natura di piranesiana memoria incentrata sulla sottolineata artificialità del Campo Marzio, tutto questo, tuttavia, senza ricorsi alla retorica di immagini architettoniche prorompenti quanto piuttosto fortemente connotate dall'ordine, dalla misura e dalla figura dei pacati elementi, nel loro reciproco rapportarsi e influenzarsi, con cui quasi tutti i progetti qui presentati strutturano formalmente la nuova dimensione urbana. Questo permette ai progettisti di pensare alla propria proposta urbana con una sorprendente concretezza quasi che l'immagine finale del progetto complessivo, pur rappresa nella sobrietà e nella ristrettezza dell'occasionalità, voglia davvero rispondere alle più diversificate esigenze di vivibilità, fruibilità, armoniosità, completezza e unitarietà, escludendo così il rischio di pensare alla città come pura maschera se non come feticcio. Viene allora spontaneo chiedersi come sia stato possibile un così sottile equilibrio proprio da parte di questi autori che non potevano non avere come orizzonte di riferimento memorie cinematografiche legate alla Cina come quelle di "Shanghai Express" di Josep von Sternberg (1932) sino a "La taverna dei sette peccati" di Tay Garnett (1940) nei quali una Marlene Dietrich ridotta a maschera se non a feticcio della propria femminilità sembra indicare il destino del nostro sguardo occidentale nel guardare all'Oriente.

Si presentano così, in successione, la visionarietà urbana di Alessandro Anselmi come confronto dialettico e dissonante tra esasperazione orizzontale e verticale, tra condizioni abitative a prospettive differenti racchiuse nella sintesi di grandi e gestuali segni urbani, che, come filiere abitative, attraversano, segnano e cancellano contemporaneamente le memorie di un casuale tessuto preesistente, all'insegna di un confronto-

decades dramatically significant in many different ways, as in cases of violent development in China.... All have given up, not only any form of utopia, but all forms of reasonable urban development. All could have seized historic opportunities, all gave up on you because of indifference to the social value of the design of the city, due to distraction, for exhibitionist superficiality, incapacity, for convenience or perhaps due to impossibility. It was even justified by theories such as the immaterial space of the "city of bits", the anti-organisation of the "generic city" or reactions to conservative neocommunitarism." Well, the architects involved in this "daring" design challenge were not only able to restore meaning to the project, but, even more extraordinarily, were able to find a thread of continuity with the tradition of our best large scale projects, from the creation of formally built parts of the city, such as Roman design experiments in the '30s, including the University City, the Foro Italico and the EUR and the subsequent Olivetti experiments, up until the recent self-commissions for some memorable Milan Triennals such as the one devoted to "The Imagined City, a Trip to Italy." Of course, there were other instances throughout the project outside the ordinary Italian city concept of completely new cities. Consider the English New Towns, or the French Nouvelle Villes. However in their being less attentive to the lessons of the nineteenth century Garden City and instead leaning more towards functional and quantitative solutions, they seemed to refer more to immediate recognition through exhibited signature styles, from the brutality of some Anglo-Saxon proposals to the extreme differences in altitude of the more dispersed and diluted French proposals. But perhaps these new acts seem to show the strong image of the new capital of the last century, from Costa and Niemeyer's Brasilia where laconic elementary figures stand out in exasperation in the incommensurability of voids to the large-scale objects as a poetic reaction of Chandigar in Le Corbusier, to the solemnity of Kahn in Dhaka, the experimentalism between the artificial and the natural of the Piranesi memory focussing on the artificially emphasised Campo Marzio. All of this, however, without resorting to the rhetoric of exuberant architectural images, but rather strongly characterised by the order, size and shape of calm elements in their reciprocal relationship and influence, with which almost all of the projects presented here formally structured the new urban dimension. This allows architects to think about the specific urban proposal with a surprising amount of concreteness, so that the final image of the overall project, although blunted in the soberness and narrowness of the occasional, really strives to meet the diverse needs of livability, usability, harmony, completeness and unity, thus excluding the risk of thinking of the city as a pure mask or fetish. It is then natural to ask how it was possible for these authors to achieve such a fine balance without having the reference horizons in classic films linked to China such as "Shanghai Express" by Josep von Sternberg (1932) and "Seven Sinners" by Tay Garnett (1940) where Marlene Dietrich is reduced to a mask, if not fetishism of her own femininity seeming to indicate that the fate of our Western point of view is to look to the East.

The urban vision of Alessandro Anselmi is thus presented as a dialectic and dissonant comparison between horizontal and vertical exasperation, between housing conditions in different perspectives contained in the synthesis of large urban signs and gestures, which, as housing sectors, cross, mark and simultaneously erase the memories of a random pre-existing fabric, the sign of a confrontation and clash between signs which transfer the memory of the modern and architecture signs entrusted with foreshadowing the future. The idea of infinite dilution and dispersion is opposed to the closed and preemptory unity of Salvatore Bisogni's project based on the memories of the castrum, in which the logic of the military camp, made up of sparse and geometric positions, according to the laws of development for the consolidation of the future city that leaves opening scenes where they should erect the banks of the entire project area. Enrico Bordogna, in his change of direction, as presented in his speech, perpendicular to the waterfront, structures his idea of a city beginning

scontro tra segni cui è demandata la memoria del Moderno e architetture-segnali cui è affidata la prefigurazione del futuro. All'idea di dispersione e diluizione all'infinito si contrappone la serrata e perentoria unitarietà del progetto di Salvatore Bisogni improntato sulla memoria del castrum, in cui la logica dell'accampamento militare, fatto di rade e geometriche posizioni, detta le leggi di sviluppo per il consolidamento della città futura che lascia tuttavia intravedere scenari di apertura proprio dove dovrebbero ergersi gli argini di circoscrizione dell'intero intervento. Enrico Bordogna, nel suo ribaltamento direzionale, per come si presenta il suo intervento, perpendicolare al fronte a mare, struttura la propria idea di città a partire dalla sovrapposizione scalare di elementi architettonici e urbani, e giunge così all'intersezione di tempi e di spazi sempre legati alla memoria della città di fondazione italiana, in cui si contrappongono la vocazione alla dimensione dell'hortus conclusus, del recinto, alla direzionalità delle asettiche architetture lamellari. Nello "splendido isolamento" in cui Gianni Braghieri circoscrive e costringe il proprio intervento, impostando su una monumentale base neoclassica, da architettura rivoluzionaria francese, indifferenti architetture prese dal repertorio più consolidato dei grattacieli ormai storici, sembra rivendicare una retorica dell'immagine della città, monumento di se stessa, come eterno ed ineliminabile simulacro, appena scalfito dalla intercambiabilità della dimensione canzonatoria, caricaturale, paradossale, in cui all'ironia viene sostituita la presunta superiore distanza, se non piuttosto l'indifferenza del cinismo. Sottile l'equilibrio trovato da Massimo Carmassi nel suo diluire le rassodate figure architettoniche, strutturate nel loro presentarsi come puri interventi, rettangolari o circolari, ma sempre come sommatoria di singole unità, quasi in una trasposizione metonimica delle singole architetture in materiale della città, dove la tipologia schietta della casa a torre si dissolve nell'ambiguità semantica di dilatati recinti urbani in cui la natura trova modo di incunearsi e di farsi strato e sedime in cui si ritagliano, si incistano, si insinuano gli edifici.

Ad una idea di città come recinto, come labirinto, attorno ad una vera e propria darsena, si lega la volontà di distinzione, di segregazione di un mondo interno, protetto e assoluto, da un ambiente esterno, indefinito, generalizzato espressa dalla proposta progettuale di Claudio D'Amato, che condivide, con il progetto di Gianni Braghieri, la scelta della prorompente definizione iconica, sino a tramutarsi in una deliberata forzatura caricaturale dell'architettura stessa, chiusa nella dimensione antiquariale della propria regressione nostalgica per i "valori perduti", appena stemperata da "ingentilimenti e graziosità". In questo intervento, un rettangolare tessuto-meandro, fatto di memorie dell'"Altra Modernità", con citazioni e veri e propri prelievi dalla cultura architettonica italiana del Novecento, attingendo da Concezio Petrucci agli interventi italici d'oltremare, delimita la forma di un'eterna città improbabile o di una futura esterna concrezione antropica. Lungi dal proporre risposte architettoniche secondo parametri linguistici prestrutturati, Pietro Derossi organizza una città fatta di funzioni capaci di agire in assenza di specifici supporti formali, a costituire una sorta di "Collage City" in cui ai frammenti di storia personale, autobiografica, declinati tra autografia e allografia, si sostituiscono esemplificative prefigurazioni spaziali-concettuali tra aperture indefinite e chiusure evocate. Un principio di tessuto unitario, pur nella frammentazione dei singoli elementi, sempre protesi a riconnettersi tra loro, caratterizza la proposta urbana di Antonio Monestiroli, i cui sviluppi si rileggono nella riproposizione interscalare, attenta al rapporto relazionale tra residenze e monumenti, tra tessuti e spazi verdi, sia delle singole unità abitative, con il proprio giardino, che dei sistemi residenziali con il parco di propria pertinenza. Ricorrendo ad architetture già consolidate, certo riferite al repertorio del proprio itinerario progettuale, Adolfo Natalini struttura la propria proposta secondo un ordine che rimanda ad immagini di quartieri memori delle esperienze delle avanguardie storiche delle Siedlungen di Francoforte e di Berlino. Egli riesce a innestare così una prepotente vena espressionista, concentrando nell'ambiguità tra progetto e rappresentazione la forza comuni-

from the overlap of scaled architectural and urban elements, and thus comes at the intersection of time and space always connected to the memory of the Italian-based city, in which the call to hortus conclusus dimensions, of the enclosure, are contrasted with the direction of laminated aesthetic architecture. In the "splendid isolation" in which Gianni Braghieri contains and constrains his participation, structured against a monumental neoclassical base from French revolutionary architecture, with indifferent architecture taken from an established history of now historic skyscrapers, claim is laid to a rhetorical image of the city, a monument of itself as an eternal and unavoidable statue, barely scratched by the interchangeability of mocking size, a caricature, paradoxical, in which irony is replaced with presumed greater distance, if not quite indifferent to cynicism. The subtle balance achieved by Massimo Carmassi in diluting his architectural figures, structured as pure presences, rectangular or circular, but always as the sum of individual units, almost a metonymic transposition of individual architectural objects in the material of the city, where the plain tower house is dissolved in the semantic ambiguity of onlarged urban enclosures in which nature finds a way to wedge itself and make itself part of the stratus and base where buildings are carved out, encysted and slipped in.

For an idea of the city as a fence, as a labyrinth, built around a real dock, binds the desire of distinction, segregation of an internal world, and protected absolutely from the external environment, indefinite, expressed by the general project proposal Claudio D'Amato, who shares with the draft Gianni Braghieri, the choice of iconic definition bursting, until forced to turn into a deliberate caricature of architecture itself, closed in the size of their regression antiquarian nostalgia for "lost values" soon tempered by "refined and charming. In this paper, a rectangular cloth-maze, made up of memories of the 'other modernity', with quotations and real samples from the Italian architecture of the twentieth century, drawing from Concezio Petrucci Italic interventions overseas, defines the shape of a 'eternal city or likely future anthropogenic external concretion. Far from proposing answers architectural language according to parameters pre-structures, Pietro Derossi is organizing a city made up of functions that can act in the absence of specific formal supports, to form a sort of "Collage City" in which the fragments of personal history, autobiography, declined between autography and allography, replace examples prefigurations-conceptual space between openings and closings evoked indefinite. A principle of unitary fabric, despite the fragmentation of the individual elements, always strive to reconnect with each other, characterized the proposed urban Antonio Monestiroli, whose developments are reread in the revival interscaling, attentive to relationships between the residences and monuments, including tissues and spaces Green, both of individual housing units, with its own garden, that of residential systems with the park on its own relevance. Architectures using well-established, some related to the repertoire of planning your route, Adolfo Natalini structure its proposal in an order that refers to images of neighborhoods mindful of the experiences of the historical avant-garde of Siedlungen Frankfurt and Berlin. He manages to insert a so overbearing expressionist vein, concentrating in the ambiguity between design and representation of the communicative power of his speech. Anything but sign the city set up a system of "bar code" of Franco Purini alluding, in his speech planning, the idea of modernity, the vision of the turmoil in the collection of M. A. Laugier, declining urban construction as a place of coexistence of opposites, order and disorder, historically conflictual relationship between city and countryside, the one and the multiple, compactness and instability, as suggested by the dizziness of the bars that built projecting and "split" on the water. From a process crettizzazione soil, reminiscent of junctions relationship between the parties, almost of Hadrian, and as urban fires incorporate the central role, mindful of the extraordinary results of the competitions for the Italian business centers of the '60s, the draft Luciano Semerani presented, emphasizing the theme of the great urban park, a city of alternations between different concentrations and penetrations. The city as a logical pattern, repro-

cativa del suo intervento. Tutt'altro che gestuale la città impostata su un sistema da "codice a barre" di Franco Purini che allude, nel proprio intervento progettuale, all'idea di Modernità, nella visionarietà del tumulto nell'insieme di M. A. Laugier, declinando la costruzione urbana come luogo della compresenza degli opposti, dell'ordine e del disordine, del rapporto storicamente conflittuale tra città e campagna, dell'unico e del molteplice, della compattezza e dell'instabilità, suggerita dalla vertigine delle barre edificate che si proiettano e si "sdoppiano" sull'acqua. Da un processo di crettizzazione del suolo, con memorie di snodi di relazione tra le parti, quasi adrianei, che come fuochi urbani riprendono il ruolo di centralità, memori degli straordinari risultati dei concorsi per i centri direzionali italiani degli anni '60, il progetto di Luciano Semerani presenta, enfatizzando il tema del grande parco urbano, una città fatta di alternanze tra differenti concentrazioni e compenetrazioni. La città come schema logico, riproducibile e modificabile è la base su cui Uberto Siola, con le puntiformi presenze scultoree di Nicola Carrino, traduce in forma il vivere contemporaneo, una città che attraverso puntuali alterazioni dimensionali, mantenendo in filigrana la memoria dello strutturarsi dei grandi vuoti naturalistici dei parchi seicenteschi sino alle loro traduzioni nelle visionarie dimensioni neoclassiche ottocentesche, fonda "un programma sul principio della ripetibilità degli schemi senza peraltro rinunciare alla specificità delle singole situazioni" architettoniche. Laura Thermes misura attraverso il frammento della città europea, fatta dei suoi specifici e consolidati elementi, l'incommensurabilità della città continua cinese, contenendo e contaminando l'insistito processo di cancellazione della storia, tipico dei tracciati orientale, attraverso la resistenza di germi compatti di tessuto residenziale di memoria occidentale, consolidato, che potrebbe alludere alla possibilità del loro rendersi elementi propulsivi del proliferare di future conurbazioni. Infine il minimalismo di Paolo Zermani da voce ad una proposta progettuale fondata sulla successione di rimandi metrici capaci di ripercorrere la tanto ricercata evoluzione della città a partire dalla concatenazione concettuale e storica che porta alla permanenza della misura dal passaggio tra uso agricolo, uso residenziale, uso produttivo-terziario del suolo, rileggibile nella variazione morfologica a partire dall'unità metrica di base, in una città che, chiara nel suo margine, rivela inquietanti slittamenti e frantumazioni interne che non intaccano comunque la rigida strutturazione con la sua ossessione della coazione a ripetere, dell'intero intervento, proteso a darsi come memoria di una "concessione" secondo la tradizione delle "affermazioni" occidentali in Oriente.

*ducible and has changed the basis on which Uberto Siola, with the point of sculptural presence Nicola Car-
rino, as reflected in contemporary life, a city that through specific alterations in size, keeping the memory of
the filigree structure of the great empty nature of the parks until the seventeenth century with their translations
in nineteenth-century neoclassical visionary dimensions, founded "a program on the principle of repeatability
of patterns without sacrificing specificity of individual situations" architecture. Laura Thermes measured by the
fragment of the European city, without its specific elements and consolidated, the incommensurability of the
Chinese city continues, and contains contaminating insisted erasure process of history, typical of the tracks
east through the resistance of germs compact residential fabric of Western memory, consolidation, which
could allude to the possibility of them become driving forces of future proliferation of conurbations. Finally,
the minimalism of Paolo Zermani gives voice to a project proposal based on the sequence of references
metric able to trace the much sought after development of the city from the conceptual and historical chain
leading to the retention of the measure by its passago through agricultural use, residential use, use Commercial
production-land, review the morphological change from the basic metric unit, in a city that, as a clear margin,
reveals alarming slippage and grinds do not affect, however, the internal rigid structure with its obsession
with repetition compulsion , the entire project, which pushes itself as a memory of a "concession" in the tradition of "statements" in East West.*

Franco Purini
Le ragioni di una presenza

L'iniziativa promossa dall'Accademia Nazionale di San Luca, riguardante l'elaborazione di una serie di proposte in merito all'ampliamento di un'importante città cinese, è stata una delle manifestazioni ufficiali ospitate nel Padiglione Italiano dell'Expo 2010 di Shanghai. La presenza in una occasione così importante di una istituzione che rappresenta, in tutte le sue espressioni, la condizione dell'arte in Italia non è stata generica, laterale o di circostanza, ne è stata solo la testimonianza esterna di un'attenzione per scenari urbani di estremo interesse come quelli che è possibile osservare a Shanghai, impegnata negli ultimi anni in una crescita che appare talmente veloce e incontrollabile da avere dato vita a una autentica mitologia. L'iniziativa dell'Accademia Nazionale di San Luca ha assunto un carattere e un ruolo precisi, che hanno reso ancora più ricca l'ampia offerta di argomenti culturali che il nostro paese ha suggerito nei sei mesi di apertura della grande rassegna mondiale. Oltre alla mostra delle proposte due convegni, uno all'interno del Padiglione Italiano, l'altro all'Università di Tonji, hanno consentito di approfondire una serie di importanti questioni urbane.

Il significato della partecipazione dell'Accademia Nazionale di San Luca agli eventi che si sono succeduti nel Padiglione Italiano, meta di una moltitudine crescente di visitatori, ha avuto diretta connessione con il tema che è stato messo al centro dell'Expo, "Better City, Better Life". Un tema che proponeva ai paesi partecipanti di dare un contributo al miglioramento delle città nel momento in cui il numero di coloro che oggi abitano gli insediamenti urbani ha superato quello delle popolazioni rurali. Le quattordici ipotesi per Ling Gang, una nuova città destinata ad ampliare Tienjin, la terza metropoli cinese, proposte da dieci architetti appartenenti all'Accademia e da altri quattro progettisti esterni coinvolti nell'iniziativa, si sono configurate come altrettanti punti di vista su come pensare oggi le espansioni urbane. Si tratta di una questione la quale, come spiega Vittorio Gregotti su queste stesse pagine, ha assunto in Cina aspetti decisamente critici. C'è da chiarire comunque che queste proposte sono rimaste sul piano dell'ipotesi senza divenire veri e propri progetti. In effetti ci si è limitati a esporre una serie di principi insediativi e di potenziali schemi urbani capaci di indicare una strategia progettuale alternativa, o come minimo correttiva o complementare rispetto a quelle che hanno interessato le città cinesi negli ultimi anni, nell'intenzione di contribuire al dibattito che da qualche tempo gli architetti più consapevoli di quell'immenso paese, oggi divenuto il protagonista della globalizzazione, hanno attivato per orientarsi verso uno sviluppo più sostenibile e equilibrato. Le strategie basate sull'assenza di tracciato, sull'accumulazione casuale di migliaia di edifici diversi, impegnati in una accesa competizione per divenire i landmark mediaticamente più efficaci, sulla confusione delle scale, strategie che sono alla base dell'impetuosa avanzata delle metropoli cinesi, hanno trovato così il modo di confrontarsi con visioni urbane meno approssimate e aggressive.

Nell'architettura italiana del Novecento la tradizione del progetto urbano ha assunto un ruolo indubbiamente centrale. Contrastando un orientamento imposto dalle avanguardie, consistente di fatto nel pensare l'edificio in opposizione radicale alla città, con la conseguenza, approvata per inciso da Bruno Zevi, che esso dovesse porsi in termini dissonanti ed eversivi rispetto al contesto, l'architettura italiana si è impegnata teoricamente e operativamente a ricondurre la costruzione della città a un processo integrato nel quale la logica del tracciato doveva incrociarsi con le modalità formative del tessuto. Il tutto all'interno di una tensione idealmente ispirata alle atmosfere rarefatte delle città utopiche ideate nel Rinascimento. I progetti urbani degli Anni Trenta, più volte ripresi nei decenni successivi, propongono una razionalità di disegno che si unisce alla ricerca di una complessità tematica nella quale confluiscono un carattere teatrale dello spazio urbano,

Franco Purini
The reasons for a participation

The initiative promoted by the Accademia Nazionale di San Luca, concerning the drawing up of a series of proposals for the expansion of an important Chinese city, was one of the official events hosted in the Italian Pavilion at the Shanghai Expo 2010. The presence of an institution that represents the condition of Italian art in all its expressions during such an important occasion was not general, lateral or casual, but was simply the external declaration of an interest in extremely interesting urban scenarios such as the ones that can be seen in Shanghai, involved in a growth in recent years that seems so fast and uncontrollable that it has given rise to authentic mythology. The Accademia Nazionale di San Luca's initiative took on a precise character and role, which made the broad offer of cultural arguments that our country suggested during the six months that the large, world event was open even richer. In addition to the exhibition of the proposals, there were two conferences, one inside the Italian Pavilion, the other at the University of Tonji, which allowed a number of important urban matters to be discussed.

The significance of the Accademia Nazionale di San Luca's participation in the events in the Italian Pavilion, the destination for a growing throng of visitors, was directly connected with the theme placed at the centre of the Expo, Better City, Better Life. A theme that asked the participating countries to make their own contribution to improving the cities at a time when the number of inhabitants in the urban settlements has overtaken that of the rural populations. The fourteen hypotheses for Ling Gang, a new city intended to expand Tienjin, the third Chinese metropolis in size, proposed by ten architects from the Academy and another four external architects involved in the initiative, were configured as just as many points of view on how to think of urban expansions today. This is a matter that, as explained by Vittorio Gregotti in these pages, has taken on decidedly critical aspects in China. It must however be stated that these proposals have remained hypotheses, without being transformed into real projects. In fact, the proposals contained a series of settlement principles and potential urban layouts that can indicate an alternative project strategy, or a corrective or complementary strategy compared to the ones that have been used in Chinese cities in recent years, with the intention of contributing to the debate that the (now more aware) architects from this huge country, the current key player of globalisation, started up to move towards a more sustainable, balanced development. Strategies based on no outline, on the random accumulation of thousands of different buildings, all busy in a lively competition to become more media efficient as landmarks, on the confusion of scales, strategies that are the basis of the rash advance of Chinese cities, have thus found a way to compare themselves with urban views that are more precise and less aggressive.

In twentieth century Italian architecture, the tradition of urban projects took on a decidedly central role. In contrast to a direction set by the avant-garde, comprising the consideration of buildings in radical opposition to the city, with the consequence – incidentally approved by Bruno Zevi, wherein it had to offer itself in terms that clashed and were subversive with the context, Italian architecture both theoretically and practically undertook to lead city construction towards an integrated process in which tracking logic must encounter the methods for creating urban fabric. All this within a climate inspired by the rarefied atmosphere of the Utopian cities created during the Renaissance. The urban projects carried out in the 1930s, often copied in later decades, propose rational designs accompanied by the search for subject complexity containing a theatrical aspect of urban space, carefully classified from private to public, and a large visual component. The result of the interaction of historical attention to the city is a never-ending, creative dialogue between order and disorder, rationality and metaphysics, between magical realism and functional claims. In the strictly morpho-

attentamente declinato dal privato al pubblico, e una forte componente visionaria. Il risultato dell'interazione di questa attenzione storica alla città è una incessante e creativa dialettica tra ordine e disordine, tra razionalità e metafisica, tra realismo magico e istanze funzionali. Nella dimensione propriamente morfologico-strutturale del progetto urbano si ritrova, sempre in riferimento al sentire italiano, oltre una matrice umanistica della questione estetica, anche una forte valenza politica. Ciò come segno della volontà che le trasformazioni previste dal progetto urbano siano in grado di conciliare gli aspetti interni alla forma con la necessità di produrre un miglioramento della città e della vita che in essa si svolge.

Nonostante la loro diversità, a volte piuttosto pronunciata, le quattordici ipotesi sulla nuova città di Ling Gang hanno in comune, oltre ai caratteri generali di cui si è appena detto, alcuni paradigmi teorici e operativi i quali, oltre a rendere più comprensibili le ipotesi stesse, hanno costituito la piattaforma della discussione che si è svolta, con un largo consenso di pubblico, nelle due sedi ricordate all'inizio di questa nota. Il primo paradigma è la concezione della crescita della città per interventi compiuti, ovvero parti urbane organicamente definite, regolate da un sistema di misure semplice, chiaro ed esauriente. Il secondo si riconosce nell'idea che in ciascuna di queste parti una relazione razionale tra il tracciato e il tessuto deve sovrintendere alla disposizione degli elementi edilizi seriali e delle polarità architettoniche. Il terzo paradigma concerne il coordinamento scalare delle varie componenti delle parti urbane, coordinamento che garantisce al disegno della nuova città la necessaria gerarchia ordinatrice. Il quarto si identifica nel grande rilievo assegnato allo spazio pubblico come elemento cardine per l'esistenza nella nuova città di un livello adeguato di socialità. Il quinto paradigma è l'attenzione a quell'insieme di segni territoriali, paesistici e urbani che formano nel loro insieme un palinsesto molteplice e variabile a seconda del punto di vista con il quale lo si osserva. Un nuovo progetto non si costruisce mai nel vuoto, ma entra negli strati del costruito alla ricerca di inediti assetti dei livelli conoscitivi e degli ambiti semantici che tale palinsesto contiene. Ovviamente questo essenziale piano problematico che coinvolge la memoria, che esige l'ascolto delle preesistenze, che si alimenta della distinzione tra ciò che si limita a permanere e ciò che si reinventa costantemente non poteva per molti motivi intervenire nelle ipotesi che sono state formulate dal momento che la documentazione di cui gli autori delle proposte hanno potuto disporre era ridotta ad alcuni dati programmatici e ad uno scarno elenco di esigenze funzionali alle quali dare una risposta. Nonostante questo limite l'iniziativa ha avuto senza dubbio un esito più che soddisfacente, che apre una strada meritevole di essere percorsa ancora per un lungo tratto. La Cina è oggi il laboratorio urbano più attivo del pianeta. Un laboratorio con il quale la cultura urbana italiana può interagire con risultati senza dubbio di grande interesse.

logical-structural dimension of the urban project, again connected to the sense of the Italian feeling, in addition to a humanistic matrix of the matter of aesthetics, a strong political value can be found. This is a sign of the desire that the transformations foreseen by the urban project can reconcile the internal aspects of the form with the need to improve cities and the life lead therein.

In spite of their diversity, rather marked at times, the fourteen hypotheses on the new city of Ling Gang have some theoretical and operational paradigms in common, as well as the general characters that were mentioned above, which, in addition to making the hypotheses themselves more comprehensible, have set up the platform of the discussion held, with broad public consent, in the two locations mentioned at the beginning of this note. The first paradigm is the conception of city growth by complete interventions, i.e. organically defined urban parts, regulated by a simple, clear and exhaustive measurement system. The second contains the idea that a rational relationship between the layout and the fabric in each of these parts must supervise the arrangement of the serial construction elements and the architectural polarities. The third paradigm concerns the scale coordination of the various components making up the urban parts, a coordination that guarantees the necessary order hierarchy in the design of the new city. The fourth can be found in the large significance allocated to public areas, as the central point for the existence of a suitable level of social relations in the new city. The fifth paradigm is the attention paid to the set of territorial, landscape and urban signs that make up a multiple, variable schedule as a whole, depending on the point of view from which one observes it. A new project cannot be built in a vacuum; it becomes part of the layers of what has been built, in search of unprecedented set-ups of cognitive levels and semantic environments that such a schedule contains. Of course, this essential, difficult plan, which involves the memory, that requires listening to pre-existences, that feeds on the distinction between what limits itself to remaining and what constantly re-invents itself could not intervene in the hypotheses drawn up, for several reasons, as the documentation available to the proposal authors was limited to some programme data and a short list of functional needs that had to be answered. In spite of this limit, the initiative was without a doubt successful and opens up a worthy road to travel along for a long stretch. China is now the most active urban laboratory worldwide. A laboratory that Italian urban culture can interact with, with some doubtlessly extremely interesting results.

Uberto Siola
Il futuro delle città

Il pensiero moderno è tornato a riflettere sulla città come modo di vivere dell'uomo, dopo aver superato le incertezze di un'attenzione non sempre calibrata sul rispetto ambientale. Oggi si può considerare superata l'artificiosa antinomina fra natura naturans e natura naturata e la città, opportunamente disegnata, appare come un luogo non solo rispondente ai moderni fattori di produzione, ma anche a quella pluralità di scelte, di azioni e di rapporti, che l'uomo contemporaneo sembra sempre più ricercare.

I grandi paesi in via di sviluppo, ed in primis la Cina, affrontano in questi anni il problema di una assetto urbano che accompagni il grande sviluppo. La "questione-città" è questione centrale nel disegnare lo sviluppo, ma anche per garantirlo come fattore di equilibrio reale nei confronti degli altri paesi. Progettare un paese di città ed ancor più disegnare le singole città è una impresa importante, parte e non scenario dello sviluppo economico e sociale.

Ma l'insieme di queste due condizioni - la città come centro di attenzione del pensiero moderno e la domanda di città dovuta allo sviluppo economico - sono lo scenario in cui si manifesta un fenomeno inquietante e pericoloso. Infatti, forse come risvolto non controllato di una visione globalizzante dell'economia, le città, soprattutto nei paesi nuovi e più significativi dal punto di vista dello sviluppo, tendono ad assumere una sorta di immagine e di struttura internazionalizzate. Immagini di città del Sud America o dell'Asia, dell'Oceania o dell'Africa tendono ad omologarsi su modelli vagamente americanizzati, contraddicendo così uno dei cardini di una visione moderna della città. Potremmo dire che la città è figlia della sua storia, della storia e della cultura di un popolo e quindi, per definizione, non può essere omologata in un codice unico internazionalizzato.

Questi, fra gli altri, sono i temi che suggerisce la riflessione sulla città contemporanea a cui rispondo affermando che la città è il risultato cosciente e stratificato nel tempo di una serie di interventi che si sono relazionati fra loro ed hanno costituito un esito unitario che ci fa pensare alla città come ad una grande opera d'arte collettiva. Non spaventi il riferimento all'arte ed alla bellezza nel parlare della città. Siamo tutti coscienti che la architettura - perché è essa e solo essa a produrre le città - sia profondamente diversa da altre arti, dovendosi far carico anche di problemi pratici che hanno a che vedere con la vita quotidiana degli uomini. Ma sarebbe completamente sbagliato non cogliere l'istanza, che dagli uomini stressi viene, che la città esprima bellezza, che possa essere un'opera d'arte collettiva in cui ogni cittadino si riconosca e si senta dentro una sua creazione. Con questa impostazione il riferimento di chi pensa ad una città da progettare non può non coincidere in gran parte con la storia stessa della città e della gente che l'ha abitata e la abita. Il ricorrere a forme del passato, per contribuire alla costruzione della città contemporanea, è problema discusso e complesso e che si misura con la crisi del moderno nella nostra epoca. È difficile che noi oggi ci riconosciamo, come è avvenuto nel passato, in uno stile particolare e definito. Davanti a questa crisi di identità, siamo in molti a pensare che l'inserimento nel progetto della contemporaneità di segni e forme del passato - che siano elementi in cui tutti ci riconosciamo - possa essere una corretta applicazione progettuale. Ma la riproposizione di una forma architettonica del passato da sola non potrebbe in alcun modo rappresentare un elemento di progresso nella costruzione della città contemporanea se non fosse "attualizzata", per gli aspetti di vita concreta che deve garantire, da un uso attento e non pervasivo delle tecnologie, autentica conquista del nostro tempo. Ma è anche vero che gli impianti tecnologici non sono l'avvenire della città moderna, anche se sono le condizioni per una vita più civile nelle città.

Si configura una ipotesi di lavoro su cui invito a riflettere, una ipotesi in cui la città moderna appare il risultato di un intreccio significativo fra gli elementi ereditati dalla storia e ricchi per noi di significato e di riconoscibilità collettiva e la tecnologia in grado di garantire un corretto inserimento di quelle "forme scelte" nell'attuale

Interscalaritità della forma architettonica dalla domus alla piazza urbana.
Architectural form from the domus to the town square

Modern thinking has come back to thinking about the cities as a way of living for Man, after overcoming the uncertainties of a sometimes unbalanced attention on respect for the environment. Today the artificial antinomy between natura naturans and natura naturata has been surpassed and the appropriately designed city appears to be a place that not only corresponds to modern production factors but also to a multitude of choices, actions and relations that modern man seems to be increasingly searching for.

The large developing countries, above all China, have been dealing with the problem of an urban set-up that goes together with large-scale development in recent years. The "city matter" is a central issue in designing development, but also in guaranteeing it as a factor of real equilibrium with other countries. Designing a country of cities and, even more so, designing individual cities is important work, an integral part of economic and social development, and not just a backdrop.

However, these two conditions together – the city as the centre of attention for modern thought and the demand for cities due to economic development – are the scenario for an unsettling, dangerous phenomenon. In fact, perhaps as an uncontrolled consequence of a globalising view of the economy, cities – especially in new countries and the ones most important to development, tend to take on an internationalised image and structure. Images of cities in South America or Asia, Oceania or Africa tend to adhere to vaguely Americanised models, contradicting one of the central points of a modern view of the city. We might say that the city is the daughter of its own history, of the history and culture of a population and therefore, by definition, it cannot adhere to a single internationalised code.

These are the subjects, amongst others, suggested by the reflection on the contemporary city that I can answer by stating that the city is the conscientious result, stratified over the years, of a series of interventions that are connected with each other and that have formed a single result that makes us think of

Renato Capozzi
Progetti 'italiani' per Tianjin: una proposta di ordinamento

Il 21 settembre è stata inaugurata nel padiglione Italia all'Expo di Shanghai l'esibizione "Italian Architecture for Chinese Cities_Designs for Ling Gang_Tianjn" promossa dalla Accademia Nazionale di San Luca e dal Commissariato italiano di Governo per l'Expo 2010. L'iniziativa, inoltre, si è inscritta nel più ampio programma di iniziative promosse dall'I.C.E. Istituto Nazionale per il Commercio Estero che, nei giorni 19-20-21 e 22 settembre, ha visto avvicendarsi, in una serie di incontri tecnici e seminari, numerosi architetti e intellettuali italiani e cinesi che hanno dibattuto su vari aspetti concernenti l'architettura, il design, la città e le tecnologie innovative: argomenti assolutamente in sintonia con il tema di fondo dell'Expo Better city_Better life. Il tema della esibizione, a cura di Franco Purini e Uberto Siola, con il supporto del Comitato Organizzatore (Capozzi_Visconti / Menegatti_Nencini), ha visto la partecipazione di quattordici architetti italiani chiamati a proporre idee/progetti/concept per un "settore campione" all'interno della nuova espansione urbana di Tianjin. Una "parte urbana compiuta" che, in qualche modo, esemplificasse, in una dimensione controllabile, le questioni urbane che l'incipiente sviluppo cinese sta ponendo in questi anni con una previsione tendenziale che porterà nel prossimo decennio nelle principali metropoli - le cosi dette global cities (Pechino, Hong Kong, Shanghai e Tianjin) - circa 400 milioni di abitanti oggi stanziati nelle campagne e nell'immenso territorio del paese. L'area prescelta, di circa 6,3 Kmq - inscritta in un complesso sistema infrastrutturale di rango superiore - esemplarmente contiene una cospicua presenza naturale, un grande lago artificiale, ed al contempo si collega per contatto con l'espansione del porto di Tianjin, anch'esso con una estensione smisurata ma misurato rispetto all'intensificarsi dei traffici marittimi intercontinentali. A tale novità scalare e dimensionale - ma come si è detto anche teorico-metodologica - gli architetti italiani invitati hanno fornito risposte e proposto soluzioni alquanto differenziate: da un punto di vista non tanto linguistico-formale ma piuttosto in termini di modelli urbani e di idee di città. Tuttavia, con ampi margini di approssimazione, nelle proposte presentate si possono individuare tre "grandi famiglie" o "atteggiamenti", tre dispositivi concettuali capaci, forse, di ordinare le varie ed articolate linee di pensiero emerse. La prima è quella "storicista" che riconduce il problema della costruzione/fondazione della nuova parte all'interno della tradizione italiana degli studi urbani - con le note accezioni di parte/monumento/tessuto - e che affida al rapporto con la tradizione dei luoghi e della storia il "repertorio" cui attingere per il rango delle architetture primarie e per il disegno della morfologia della città. La seconda è quella 'modernista' che recupera e riattualizza il "progetto incompiuto" (Habermas) avviato dalla migliore ricerca europea/americana sulla città del Movimento Moderno, ritrovando la lezione dei suoi riconosciuti maestri, da Mies ad Hilberseimer, da Pagano a Terragni, e fondandosi sull'individuazione di unità insediative elementari e ripetibili in rapporto alla natura. La terza infine, definibile "sperimentale", che accetta di buon grado la nuova dimensione dei problemi "globali" offrendo soluzioni innovative che poco hanno di modelli ereditati dalla tradizione e che provano a contaminare differenti livelli di approccio multipolari o a proporre ibridazioni tra molteplici configurazioni urbane e figurative, a volte anche confliggenti.
All'interno di queste "famiglie" i progetti declinano soluzioni e ipotesi che ovviamente si distinguono l'una dall'altra ma che consentono di ascrivere al primo gruppo i lavori di Gianni Braghieri, Massimo Carmassi, Claudio D'Amato, Uberto Siola con Nicola Carrino e Paolo Zermani; al secondo i lavori di Salvatore Bisogni, Enrico Bordogna e Antonio Monestiroli e, infine, al terzo quelli di Pietro De Rossi, Franco Purini, Luciano Semerani e Laura Thermes. I lavori di Alessandro Anselmi e Adolfo Natalini, invece, pur con le loro singolarità, si affidano - in maniera trasversale rispetto alle linee sopra individuate - a "visioni" prettamente architettoniche che fanno della loro carica espressiva/simbolica il tratto marcatamente riconoscibile.

The exhibition Italian Architecture for Chinese Cities_Designs for Ling Gang_Tianjn, promoted by the Accademia Nazionale di San Luca and the Italian Government Commission for the 2010 Expo, was opened on 21 September in the Italian Pavilion of the Shanghai Expo. The initiative was also part of a larger calendar of initiatives promoted by the National Institute for Overseas Trade (ICE) that saw the participation of several Italian and Chinese architects and experts in a series of technical meetings and seminars on 19, 20, 21 and 22 September, who debated about the various aspects of architecture, design, cities and new technologies: subjects completely in harmony with the main subject of the Expo, Better city_Better life. The subject of the exhibition, organised by Franco Purini and Uberto Siola, with support from the Organising Council (Capozzi_Visconti / Menegatti_Nencini), witnessed the participation of fourteen Italian architects, called up to

propose ideas/projects/concepts for a "sample sector" inside the new urban expansion area of Tianjin. A "completed urban area" that should somehow demonstrate, in a controllable dimension, the urban matters that the newly-founded Chinese development has been facing in recent years with a trend forecast that will bring about 400 million inhabitants to the main metropolis cities, the so-called global cities (Peking, Hong Kong, Shanghai and Tianjin) in the next decade, who currently live in the countryside or throughout the country's huge expanse of land. As an example, the pre-chosen area of about 6.3 km2 - inscribed in a complex infrastructural system of higher standing – contains a notable Nature content, a large artificial lake and is at the same time connected with the expansion of the port of Tianjin, which is also immense but in keeping with the increase of intercontinental sea traffic. For these new scale and dimensional aspects, and also in relation to theoretical and methodological matters, the invited Italian architects supplied answers and proposed widely varying solutions: not so much from a linguistic-formal point of view but in terms of urban models and ideas for cities. However, on an extremely broad level, three "large families" or "attitudes" can be seen; three concepts that can perhaps organise the various, varied schools of thought that emerged. The first is the "historicist" group, that leads the problem of building/founding the new part back to the Italian tradition of urban studies – with its well-known meanings of part/monument/fabric – and which entrusts the "repertoire" to be used for the range of primary architecture and for designing the city's morphology to its relations with the tradition of places and history. The second is the "modernist" group, that restores and renews the "incomplete project" (Habermas) that was started by the best European/American research on the Modern Movement cities, once more discovering the lesson taught by its acknowledge masters, from Mies to Hilberseimer, Pagano and Terragni, and based on the identification of elementary settlement groups that can be repeated in relation to surrounding Nature. The third group is the experimental group that readily accept the new dimension of "global" problems, offering innovative solutions that have little to do with the models inherited from tradition and that try to contaminate the various levels of multiple-centre approach or to propose hybrids of several urban and figurative configurations, which are at times in conflict with each other. The projects within these "families"

L'ipotesi classificatoria sopra tratteggiata è ampiamente perfettibile, tuttavia essa può proporsi come utile strumento interpretativo in grado - si spera - di orientare la necessaria ed ineludibile riflessione successiva nell'ambito del dibattito architettonico italiano riguardo ai problemi ed ai nodi che la città contemporanea (leggi metropoli/megalopoli) sta offrendo alla discussione. Una discussione che è stata peraltro già avviata a Shanghai, nel convegno collegato, a partire da punti di vista complementari ma confrontabili, con gli interventi di Nicola Carrino, Uberto Siola, Franco Purini, Claudio D'Amato, Augusto Cagnardi, Luciano Semerani e Pietro De Rossi.

Il convegno e la esibizione, pur nella "maculata" articolazione degli orientamenti rilevabili, hanno palesato alcuni caratteri distintivi e riconoscibili - potremmo dire italiani pour excellence - che accomunano i varî progettisti invitati: una attenzione alla figura generale della città ed alla sua compiutezza formale; la ricerca, pur con varie gradazioni, di una regolarità e unitarietà morfologica; la relazione tra natura e artificio; l'insistenza sulla definizione di luoghi collettivi/rappresentativi - polarizzati o centrali che siano - in cui la nuova città possa fondare e rappresentare la sua individualità ed in ultima analisi la sua riconoscibile identità. L'esibizione, con ulteriori materiali inediti ed il presente catalogo, è ora riproposta a Roma presso l'Accademia Nazionale di San Luca con un convegno di apertura dall'ambizioso titolo L'architettura italiana per la città contemporanea in cui la migliore parte della architettura italiana proverà a trarre un bilancio di questa esperienza, che speriamo negli importanti contributi previsti, possa rappresentare un cospicuo avanzamento su temi e questioni di così ampia e cogente rilevanza.

contain solutions and theories that all differ from each other, but which can be grouped together as follows: in the first group the work of Gianni Braghieri, Massimo Carmassi, Claudio D'Amato, Uberto Siola with Nicola Carrino and Paolo Zermani; in the second group the work of Salvatore Bisogni, Enrico Bordogna and Antonio Monestiroli and finally, in the third group that of Pietro De Rossi, Franco Purini, Luciano Semerani and Laura Thermes. The work of Alessandro Anselmi and Adolfo Natalini, on the other hand, owing to their uniqueness – as they are transversal compared to the lines as identified above – are entrusted to strictly architectural views that make their expressive/symbolic content their easily recognisable trait.

This classification theory as above can be perfected to a large degree; however, it can be seen as a useful tool for interpretation that can guide (we hope) the consequent necessary and unavoidable reflection in the Italian architecture debate on problems and issues that the modern city (to be intended as metropolis/megalopolis) if offering up for discussion. This discussion was started in Shanghai, during the connected conference, starting from the complementary yet comparable points of view, during the speeches made by Nicola Carrino, Uberto Siola, Franco Purini, Claudio D'Amato, Augusto Cagnardi, Luciano Semerani and Pietro De Rossi.

The conference and the exhibition, part of the varied distribution of orientations to be found, showed up some distinctive, recognisable characters, which we may call Italian par excellence – that the various invited designers have in common: attention to the general picture of a city and its formal completeness; the search for regularity and morphological unity, to various degrees; the relationship between the natural and the artificial components; the insistence on creating collective/representational locations – which may be central or off-centre – in which the new city can show its individuality and finally, its recognisable identity. The exhibition, with further new material and the current catalogue, is now open in Rome at the Accademia Nazionale di San Luca, with an opening conference with the ambitious title of L'architettura italiana per la città contemporanea (Italian Architecture for the Modern City), during which the best part of Italian architecture will try to take stock of this experience, which, due to the important contributions foreseen, we hope can represent an important step forward in such important, mandatory issues and matters.

Federica Visconti
Progetti 'italiani' per Tianjin: un avvio di dialogo

La esibizione Italian Architecture for chinese Cities è nata per essere allestita durante la Expo di Shanghai 2010. Tema della Expo: Better City_Better Life. Tema della esibizione: un possibile contributo della cultura architettonica italiana ai problemi ed alle questioni che un paese come la Cina, in via di rapido e tumultuoso sviluppo, sta affrontando in merito allo sviluppo delle grandi aree metropolitane, tra le quali anche quella di Tianjin. Hanno risposto all'invito della Accademia Nazionale di San Luca quattordici architetti, ognuno dei quali ha rappresentato in due tavole l'impianto generale dell'assetto urbano della nuova parte di città, da un lato, e, dall'altro, i caratteri complessivi della città e delle architetture che la compongono, seguendo le linee-guida, fornite dal comitato organizzatore anche al fine di rendere in qualche modo confrontabili le proposte o, meglio ancora, "estraibili" da esse dei concetti e delle riflessioni di carattere generale.
Probabilmente all'inizio di quello che mi piace definire un "percorso" - che da Shanghai approda ora a Roma nella sede della Accademia Nazionale di San Luca e che si spera possa ancora toccare altre sedi, accademiche e non, arricchendosi ogni volta di ulteriori contributi - qualcuno potrà aver letto questa iniziativa come "macchiata" da una sorta di peccato originale: un tentativo di dimostrare che la cultura architettonica italiana avesse, unilateralmente, da insegnare qualcosa ad un'altra, quella cinese, che, benché altrettanto antica, sembrava rinnegare il suo passato e orientarsi, nel progetto di città, verso una adesione ai modelli imposti dalla imperante globalizzazione. Gli esiti non solo del pregevole lavoro progettuale dei partecipanti ma anche delle occasioni di confronto con studiosi, architetti e anche con il pubblico cinese realizzate a Shanghai nel mese di settembre 2010 sul tema dell'architettura e dell'urban planning hanno reso manifesto un "senso" molto diverso della intera operazione: sotto il segno di una avvertita necessità e di una non trascurabile opportunità di attivare un confronto ed uno scambio tra due culture affinché entrambe ne potessero risultare in qualche misura arricchite e trovare occasioni e opportunità per continuare a lavorare insieme. Questo significa forse cogliere davvero la sfida imposta dalla globalizzazione che certo moltiplica, rispetto a quanto accadeva nel passato, le occasioni di scambio - e quindi di arricchimento - ma dovrebbe tradursi non in omologazione dei modi di vita, delle culture, delle forme architettoniche bensì in una maggiore consapevolezza, da parte di tutti, delle proprie specificità, delle proprie tradizioni e, di conseguenza, in un lavoro responsabile sulla loro "cura", in vista della loro trasmissione al futuro.
Con la esibizione Italian Architecture for chinese Cities è iniziato dunque un dialogo nel quale gli architetti italiani hanno dovuto affrontare un tema e delle questioni piuttosto inedite per la loro esperienza. La questione della scala innanzitutto - davvero la città cinese è una megalopoli cui anche la più grande delle città europee è difficilmente paragonabile -; quella della densità; la difficoltà, per tutto questo, a poter ragionare in termini di forma urbis compiuta e unitariamente identificabile; la necessità, d'altro canto, di ragionare sulla natura come contrappunto dell'artificio: sono questi i temi che tutti i progetti, anche se in maniera differente, si sono trovati a dover declinare. D'altro canto, ancora nelle evidenti differenze delle soluzioni proposte, tanto alla scala urbana che a quella architettonica, alcuni tratti comuni - distintivi della tradizione urbana italiana - sono emersi come "temi" di lavoro comune: il rapporto elementi primari/residenza-tessuto, la gerarchizzazione degli spazi urbani, la precisazione formale della "parte" che passa per la definizione di una complessità sia funzionale che morfologica, la ricerca di un legame con il luogo a livello sia fisico che identitario, analogico. Così, nella loro evidente diversità formale, i progetti testimoniano di un ragionamento sulla Architettura intesa come finalizzata a costruire luoghi per l'abitare dell'uomo, sulla Città come condizione dell'architettura e sulla Tradizione come possibilità di sviluppare una continuità dialettica tra tutto ciò che abbiamo alle nostre spalle - la nostra storia - e, attraverso il nostro tempo, il futuro.

Federica Visconti
Italian Projects for Tianjin: starting up a dialogue

The exhibition Italian Architecture for chinese Cities was created to be on view during the Shanghai Expo 2010. The Expo's main theme was: Better City_Better Life. The exhibition's them was: a possible contribution by Italian architectural culture to the problems and issue that a country like China – undergoing a rapid, disorderly development – is facing in developing the large urban areas, including Tianjin. Fourteen architects answered the Accademia Nazionale di San Luca's invitation, each of whom produced two tables showing the general plan for the urban set-up of the new part of the city on the one hand, and on the other, the overall characteristics of the city and its architecture. The architects followed guidelines provided by the organising committee in order to make the proposals comparable in some way, or rather, so that the general concepts and observations could be extrac-
ted. Most likely at the beginning of this "journey", as I like to call it – which has now travelled from Shanghai to Rome, to what is the home to the Accademia Nazionale di San Luca and we hope can also visit other locations, both academic and non, continuing to be added to by further contributions – someone may have viewed this initiative as being "tinged" with a sort of original sin: an attempt at showing that Italian architectural culture may have something to teach to another culture, in this case Chinese, which although it is just as ancient, seems to deny its past and move towards models coming from rampant globalisation for the development of its cities. The results – not only of the precious designs carried out by the participants, but also of the meetings on the subject of architecture and urban planning with experts, architects and the Chinese public held in Shanghai in September 2010 – have produced an extremely different "sense" for the entire operation: a discerning need and great opportunity for setting up comparison and exchanges between the two cultures so that both can be enriched and find opportunities for continuing to work together. This may mean picking up the challenge set by globalisation that, compared to what happened in the past, multiplies the possibilities for exchanges – and therefore enrichment – but which should be transformed into greater awareness of each country's specific nature, traditions and consequently into work that takes them into consideration when trying to transmit them to the future, rather than a standardisation of ways of life, cultures and architectural shapes.
The exhibition Italian Architecture for Chinese Cities thus started up a dialogue in which Italian architects had to deal with new subjects and issues in the realm of their own experience. The matter of scale, above all: Chinese cities are true megalopolises to which even the largest European cities cannot be compared; the matter of density; the difficulty of being able to reason using a complete sense of forma urbis which can be identified as a whole; the need, on the other hand, to consider nature as a counterpoint to artificial factors: these are the issues that all the projects had to address, although each in a different manner. On the other hand, in the obvious differences found in the propose solutions, ranging from urban scale to architectural differences, some common traits – common to the Italian urban tradition – emerged, such as the "issues" of common work: the primary elements/residency-fabric relationship, the hierarchical organisation of urban

Francesco Menegatti
La città cinese tra diagramma e programma

Il programma è uno strumento di sistemazione logica di dati e di obbiettivi. Attraverso di esso gli elementi di un progetto trovano una connessione tematica, nonché una polarizzazione operativa, capace di predisporli alle successive scelte architettoniche. Scelte che riguardano sostanzialmente il livello preliminare degli schemi distributivi e delle tipologie formali.

Il diagramma relativo a un progetto sta a un programma come questo sta ai dati e agli obbiettivi che sono alla base del progetto stesso. In altre parole il diagramma si può definire come il passaggio dall'organizzazione delle esigenze alle quali dare una risposta, assicurata dal programma, al piano della polarizzazione formale.
Franco Purini, D.A.I.

Il tema della progettazione di una città di nuova fondazione è stato oggetto di studio e riflessione personale negli ultimi anni. Per la Biennale di Venezia del 2006, ho collaborato con Franco Purini alla stesura del masterplan di Vema, una città nuova che sorgerà nella pianura compresa tra Verona e Mantova. Progettare una città significa trasformare un sito generico, un area geografica in un luogo. Al sito viene donata un'identità, una storia che attraverso l'atto di fondazione cambierà per sempre il destino di una certa parte di territorio. Progettare una città significa quindi prefigurare un futuro. La stratificazione si scritture successive accumulandosi l'una sull'altra, necessitano di quel grado di utopia, che Rogers definiva 'utopia della realtà'. Il masterplan della città di Vema è stato progettato in modo da strutturare l'impianto della città in una successione di tre bande di costruito che si alternavano a bande di verde, l'intera struttura urbana è governata da una maglia regolare che incardina il nuovo tracciato urbano sul territorio. Al masterplan sono stati in seguito sovrapposti i progetti di venti studi di giovani architetti italiani under 40, venti progetti che si sono interrogati sul significato di 'fare città', accumunati dal tema del progetto per la residenza e da quello del progettare una funzione speciale per la nuova città di fondazione. Le risposte progettuali fornite dagli architetti, sollecitati a progettare hanno restituito una 'forma urbis' composta da tante pluralità che collaboravano insieme a restituire la complessità dei temi trattati. lo schema insediativo della città, il masterplan dal quale tutti i ragionamenti sono stati possibili non ha perso la sua dimensione strutturante lo spazio, riproponendosi sotto traccia in molti progetti. Come scrive Franco Purini: "Le città si studiano per tre ragioni e cioè, in prima istanza, semplicemente per studiarle e per catalogarne gli elementi e per individuarne le fasi storiche di crescita, in seconda istanza per scoprirne le leggi formative, infine per dimostrare, al contrario che queste leggi non esistono." Nel 2008 parte del mio dottorato ha riguardato la ricostruzione in digitale del progetto di Pagano, e altri, per 'La Milano Verde'. Studiare questo progetto ha significato indagare il rapporto intercorso tra Milano e la città razionale. Infatti, l'immagine della forma urbana di Milano non è dissolta, fagocitata dalla potente diagrammaticità del progetto per la Milano verde. La struttura ottocentesca della città lombarda è evidenziata dalla trascrizione della nuova sequenza urbana. Analizzando la planimetria della città si vede come il progetto de "la Milano verde" sia, sorprendentemente, in continuità con il carattere dimensionale di altre grandi figure urbane che ne caratterizzano il tessuto. La freddezza per il calcolo numerico e l'ossessione per la misura si smorzano attenuandosi nelle prospettive gli edifici e piccoli gruppi di persone sotto di essi, le viste dei parchi e degli specchi d'acqua, gli interni delle strade. Il progetto de "la Milano Verde" appare sempre più lontano dai modelli tedeschi della città verticale di Ludwig Hilberseimer e più aderente a quello che sarà il suo futuro diretto, quello dei quartieri della ricostruzione dopoguerra. La retorica del progetto razionalista deve fare i conti con quella dimensione media dell'architettura italiana che "ha risparmiato alle città italiane di divenire vere metropoli, conservando una grandezza ancora contenuta e per questo operabile...". L'indagine svolta è da considerarsi aperta, nel senso che fornisce immagini, significati, risposte che un architetto deve sempre ritenere parziali, e questo è anche l'insegnamento di Giuseppe Pagano. Una parzialità che è un valore e che consente a ogni epoca di procedere, sempre, nel racconto urbano. La più significativa lezione, quella che la città razionale italiana ci comunica, riguarda la possibilità del progetto urbano di configurarsi come un intervento compatto, compiuto, in alternativa alla dispersione. Le metropoli contemporanee sono, ormai, divenute entità innominabili, ogni aggettivazione che cerchi di classificarle o di descriverle risulta inadeguata alla complessità che le contraddistingue.

È proprio questo il carattere costante e dominante dei due progetti: la compattezza e il carattere modellistico dell'impianto urbano che mi sembra comparire con costanza nei progetti degli Accademici di San Luca per

Francesco Menegatti
The chinese city in between of diagram and program

The program is a logical arrangement of data and goals. Through it the elements of a project find a thematic connection, and a polarization operational, able to predispose to subsequent architectural choices. Choices that affect substantially the level of pre-distribution schemes and formal types.

The diagram of a project is a program like this is data and pursue the goals that underlie the project. In other words, the diagram can be defined as the passage to which the organization needs to answer, provided by the program, the plane of polarization of form.
Franco Purini, D.A.I.

The theme of the design of a new founded city has been the subject of study and personal reflection in recent years. For the Venice Biennale in 2006, I worked with Franco Purini in the drafting of the master of Pure Vema, a new city to be built in the plain between Verona and Mantua. Designing a city is to transform a generic site, a region in one place. The site is given an identity, a story that through the act of foundation will forever change the fate of a certain portion of territory. Designing a city therefore means to envisage a future. The stratification is piling up on each other later writings, require that degree of utopia, which Rogers called 'utopia of reality'. The masterplan of the city of Vema was designed to structure the system of the city in a succession of three bands that built alternated with bands of green, the whole urban structure is governed by a regular grid that hinges on new path urban territory. At masterplan were subsequently superimposed projects of twenty studies of young Italian architects under 40, twenty projects have questioned the meaning of 'making the city', toghether with the theme of the project for the residence and that of designing a special function for the new city of Trustees. The answers provided by the project architects asked to design yielded a 'form urbis' consists of many multiple working together to restore the complexity of the issues. the pattern of settlement in the city, the master from which all the arguments were available, was not lost its structuring dimension space, representing them in the wall in many projects.
Franco Purini writes: "The city is studying for three reasons, namely, in the first instance, simply to study and catalog the items and to identify the historical phases of growth, secondly to discover the laws of formation, finally, to demonstrate on the contrary that these laws do not exist. "In 2008, part of my PhD focused on the digital reconstruction of the draft Pagano, and others, for "the Milano Verde". Studying this project meant to investigate the relations between Milan and the rational city. In fact, the image of the urban form of Milan is not dissolved, swallowed up by the powerful diagrammaticità the project for la Milano verde. The structure of nineteenth-century Lombard city is highlighted by the transcript of the new urban order. Analyzing the layout of the city is seen as the project of "the Milano Verde" is, surprisingly, in keeping with the character size of other large urban figures that characterize the tissue. The coldness and obsession for the numerical calculation for the measure is attenuated in the dim prospects for the buildings and small groups of people below them, the views of parks and lakes, the interior roads. The project of "the Milano Verde appears more and more away from the german models of the vertical city of Ludwig Hilberseimer and closer to what his future will be directed, that of the districts of the post-war reconstruction. The rhetoric of the rationalist project has to deal with the average size of Italian who "saved to the Italian cities to become a true metropolis, yet maintaining a low and size for this activity ..." The survey is considered open, in that it provides images, meanings, responses that an architect should always be considered partial, and this is also the teaching of Giuseppe Pagano. A bias that is a value that allows all ages to do, always, in the urban tale. The most important lesson, that the rational Italian city tells us, is the possibility of urban design as an intervention in the form of compact, complete, as an alternative to dispersal. Modern metropolises are, by now, become unmentionable entities, each trying to classify or adjectives to describe them is inadequate to the complexity that sets them apart.

That's the constant and dominant character of the two projects: the compactness of the urban modeling and character that seems to appear consistently in the projects of architects of the Accademia di San Luca for Ling Gang. The new fabrics offer themselves as models of urban development for the chinese city. The model of urban systems is supported by a strong programmatic nature in which the spatial distribution of buildings along certain logical sequences and precise structure urban space and foreshadowing a new dimension de-

Ling Gang. I nuovi tessuti urbani si offrono come modelli di sviluppo per la città cinese. Il modello degli impianti urbani è sostenuto da un carattere programmatico molto forte nel quale la distribuzione spaziale degli edifici lungo sequenze logiche determinate e precise, strutturano lo spazio urbano e prefigurando una dimensione nuova determinata. Anche il carattere diagrammatico dei progetti si polarizza in segni plastici molto precisi e segni urbani conclusi. La capacità progettuale degli architetti italiani di saper dominare la dimensione media del progetto ribadisce il binomio inscindibile e indispensabile alla nostra architettura di esistere tra forma e costruzione. La forma italiana che si manifesta in elementi architettonici conclusi, sempre dotati di una innata capacità di teatralizzare lo spazio evoca costantemente l'intenzione di rileggere la città cinese, di tradurla in una lingua "felice", positiva che costruirà un paese giovane di 4000 anni di storia della città.

termined. Even diagrammatic nature of the projects is polarized plastic signs in very precise and urban signs completed. The design capacity of the Italian architects to be able to dominate the average size of the project emphasizes the inseparable and indispensable to our architecture to exist between form and construction. The Italian form that is manifested in the architectural elements completed, always with an innate ability to dramatize the space constantly evokes the intention to review the chinese city, to translate it into a language that will build a positiveness happiness young country of 4000 years of history city.

Dina Nencini
La città che precede le città.

Potrebbe apparire pretestuoso e forse ecumenico compiere la riflessione sugli esiti della mostra "L'Architettura italiana per la Città cinese" considerando soprattutto e quasi esclusivamente l'insieme delle proposte progettuali. L'insieme delle proposte ha naturalmente un valore che rafforza e ri-significa i singoli progetti. Tale approccio è finalizzato a individuare e evidenziare un ambito, per così dire, soprastilistico. Sospendendo, in tal modo, il giudizio sulle divergenze per leggere le convergenze o le comuni basi di partenza.
Dunque, questa condizione di mancata o parziale realizzazione è indotta da contingenze più che da presupposti ideologici. Non è un dato da sottovalutare. C'è una città che precede tutte proposte progettuali che sono state esposte. La manifestazione di questa città non è certo immediata, passa attraverso la cultura architettonica del nostro Paese. Possiamo fare una veloce ricognizione sul recente passato della cultura architettonica italiana, che ha espresso esempi mirabili di città che hanno occupato più lo spazio dell'invenzione che quello reale, fisico. Nella maggior parte dei casi non per intenzione ideologica. E anche a fronte di un carattere fortemente avanguardista, come ci ricordava Manfredo Tafuri a proposito della mostra "L'immaginazione megastrutturale", anche le proposte più radicali contengono il presupposto di piena realtà per l'architetto che le ha ideate. Si evidenziano da questa proiezione nel passato temi e figure che ci raccontano una storia piena di avvenimenti urbani: da Aprilia a San Giuliano, da Ivrea a Monteruscello, da Dicaia al Vallo di Diano, dalla Città compatta a No stop city fino ad arrivare a Vema. I progetti in mostra si collocano all'interno di una lunghissima carrellata di immagini di città e ci fanno compiere un movimento diacronico. Verso la rappresentazione della città futura, accogliendo la Cina come luogo simbolo di un iper-progresso, dell'iper-misura, … che tuttavia è una raffigurazione rispetto alla quale stabilire una eventuale o possibile distanza e anche verso le esperienze urbane che hanno segnato l'architettura italiana, che implicitamente, o meno, si ritrovano nei quattordici progetti presentati. La città che si ritrova nei progetti per Ling Gang - che ha nel nome la sonorità del rimando e della ripetizione, è una città che precede le città. Le precede in un senso che non è cronologico ma che risiede nel collocarsi prima di esse, come riferimento ideale, prodotto dalle ragioni comuni, dai temi comuni quasi imprescindibili che ne delineano i tratti. I caratteri che identificano questa città sono, prima di tutto, la fondazione, attuata attraverso il principio del tracciamento, il solcare il suolo di segni che definisce la forma-struttura dell'urbano in una dimensione che precede la materialità fisica di cui è composta la città. In tal senso le scritture planimetriche dei progetti sono la matrice di costruzione della forma urbana. Il secondo carattere riguarda la delimitazione, ossia, come la città esprime l'interno in relazione all'esterno. In questo carattere trova espressione il piano storico-narrativo, ovvero, la successione nel tempo di modalità distinte di pensare la città per coppie antinomiche dentro/fuori, aperto/chiuso, interno/esterno, pieno/vuoto, orizzontale/verticale che nelle varie epoche hanno avuto manifestazioni diverse e, di riflesso, modi distinti di rappresentazione e comunicazione dell'identità urbana. Infine, il terzo carattere si esprime per via di una rapporto tensionale tra forma e funzione. Questa tensione, che può raggiungere anche espressioni critiche, e che non necessariamente ha come fine l'armonia tra le due componenti, si manifesta nell'idea di città nell'alternarsi di ragioni che la governano, orientano e regolano come sistema correlato di funzioni, o per contro, come insieme di parti tra loro relazionate secondo principi formali, nei quali si devono includere componenti immateriali dedotte attraverso riflessioni che riguardano l'urbano come insieme. Questi tre caratteri-principi declinati variamente nei quattordici progetti costituiscono un comune denominatore che non definisce semplicemente l'appartenenza a una cultura architettonica e urbana, quella italiana, ma dichiarano l'esistenza di una dimensione preesistente e persistente nel pensiero sulla città degli architetti del nostro Paese. Si tratta di una implicita resistenza (limite o virtù?) alle sollecitazioni, internazionali prima e al globale ora, che porta a rielaborare l'attualità e le problematiche che via via, nel tempo, si susseguono, in maniera assolutamente particolare. E anche in tal senso i progetti italiani per Ling Gang sono pienamente rappresentativi.

Dina Nencini
The city above the cities

It may seem pretentious and maybe make an ecumenical reflection on the outcomes of the exhibition "The Italian Architecture for the City of China" and especially considering almost exclusively the set of project proposals. The package of proposals was a course that reinforces and re-value means the individual projects. This approach aims to identify and highlight a field, so to speak, soprastilistico. Suspending, thus, the opinion on the convergences and divergences to read the common starting points.

Therefore, this condition of failure or partial achievement is driven by contingencies rather than by ideological presuppositions. Is not an underestimate. There is a city that precedes all project proposals that have been exposed. The manifestation of this city is not immediate, it goes through the architectural culture of our country. We can do a quick survey about the recent past of Italian architecture, which gave wonderful examples of cities that have occupied most space of the invention and the real, physical. In most cases not for ideological intention. And even with a strongly avant-garde, as Manfredo Tafuri reminded us about the exhibition "Imagination megastructural" even the most radical proposals include the assumption of full reality to the architect who has designed. The highlights of this projection in the past themes and figures that tell a story full of urban events from Aprilia to San Giuliano, from Ivrea to Monteruscello, from Dicaia to the Vallo di Diano, from the Compact City to No stop city until Vema . The projects on display are confined to a long series of images of the city and take us both a step forward and one step back. Next to the representation of the future city, accepting China as a symbol of a hyper-progress, hyper-fit, but ... that is a representation against which to establish an eventual or possible distance.

The city that is reflected in the plans for Ling Gang - who in the name of the reference to the sound and repetition, is a city above the city. The above in a way that is not chronological but that resides in placing before them, as the ideal, generated by common reason, common themes from the almost unavoidable that delineate sections.

The characters that identify this city are, first of all, the foundation, which was implemented through the principle of tracking, the plow the soil of signs that defines the shape of the urban structure-a dimension that precedes the physical materiality of which is composed of the city. In this sense, the scriptures are the master plans of projects of construction of urban form. The second digit relates to the definition, ie, as the city expresses the internal report outside. This character is reflected on a historical-narrative, that is, the succession in time of distinct modes of thinking the city for couples opposites inside / outside, open / closed, inside / outside, full / empty, horizontal / vertical through the ages have different manifestations and, consequently, different ways of representation and communication of urban identity. Finally, the third character is expressed by a ratio of tension between form and function. This tension, which can be as critical expressions, and not necessarily as an end the harmony between the two components is manifested in the idea of cities in the alternation of the reasons that govern, guide and govern as a system of related functions, or conversely, as a set of parts of their reports to the formal principles, where you have to include intangible components derived through reflections that affect the city as a whole.

These three principles-characters variously declined in fourteen of these projects are a common denominator that defines not simply belong to a culture of architecture and urban Italian, but declare the existence of a pre-existing size and persisted in thinking of the architects of our city country. This is an inherent strength (limit or under?) Stress, the first international and global now, which leads to rework the news and issues that gradually, over time, one after another, in an absolutely particular. And in this sense, the Italian projects are fully representative for Ling Gang.

GLI ALLESTIMENTI / *EXHIBITIONS*

Architetti italiani per la città cinese. L'allestimento della mostra all'Expo di Shanghaj
Renato Capozzi, Federica Visconti

L'Esibizione Italian Architecture for Chinese Cities alla Expo di Shanghai 2010, promossa dall'Accademia Nazionale di San Luca ed in collaborazione del Commissariato di Italiano di Governo per l'Expo e curata da Franco Purini e Uberto Siola, è stata allestita al secondo piano del Padiglione Italia nell'area V.I.P. collegata all'Auditorium dove, nell'ambito dei seminari ARCHI_ITALIA organizzati dall'I.C.E., è stata presentata l'iniziativa. L'edificio del Padiglione - unico caso nell'Expo di architettura compiuta – che seleziona il suo referente nel tipo del Palazzo Italiano è caratterizzato da un lato dal grande vuoto centrale a tutta altezza attorno al quale si distribuiscono gli spazi espositivi e di servizio e dall'altro dalle geometrie interne irregolari nel richiamo analogico al gioco degli Shanghai. Entrambi questi 'caratteri' dell'edificio che ha ospitato l'esibizione sono presenti nello spazio dedicato: una sorta di galleria lunga quasi trenta metri, di larghezza variabile e di forma a losanga vagamente trapezoidale con uno dei due lati lunghi caratterizzato dalla presenza di due grandi vetrate a tutt'altezza affacciate direttamente sulla 'corte' centrale e dalle quali si intravede la presenza della grande scala mobile di accesso al primo piano nonché il modello in scala 1:5 della Cupola di S. Maria del Fiore di Firenze.

Alla ricchezza dello spazio 'contenente' a disposizione corrisponde, per contrappunto, la semplicità e l'essenzialità di un allestimento che organizza i progetti secondo un rigoroso ordine alfabetico sulle due lunghe pareti della galleria dove scorrono accostate le due tavole di ogni autore - prima la proposta alla scala urbana poi quella che definisce i caratteri della architettura - come una sorta di 'bifore' affacciate idealmente da un lato sulla città cinese di Tianjin e dall'altro sull'Italia. L'elemento unificante nella sequenza 'variegata' delle tavole - con le autonome espressioni grafiche adottate dai diversi autori - è costituito, oltre che dal cartiglio superiore, da una fascia rossa di 1,5 cm che divide le tavole in due parti - di cui quella in basso di forma quadrata - in cui sono contenuti il nome dell'autore, la città di provenienza ed i nomi dei co-autori/collaboratori
In occasione del trasferimento a Roma, presso la sede della Accademia di San Luca, della esibizione questa si arricchisce di ulteriori disegni e plastici che, nelle sale espositive, trovano posto accanto a molti disegni originali, schizzi, lavori preparatori che documentano, da un lato, le fasi iniziali del lavoro già svolto e, dall'altro, sono testimonianza della volontà di continuare ancora ad approfondirlo.

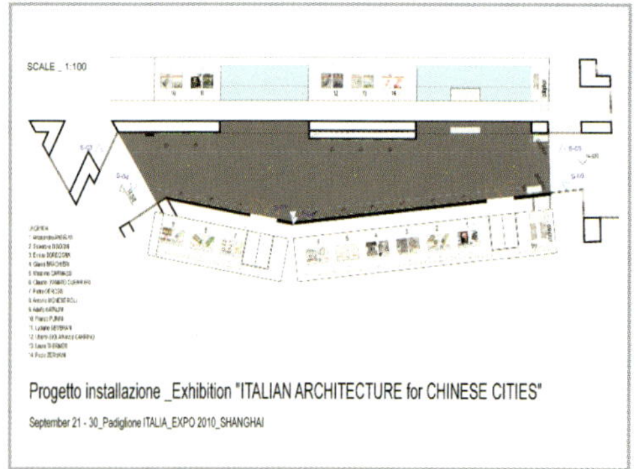

The Italian Architecture Exhibition for Chinese Cities to Shanghai World Expo 2010, promoted by the Accademia Nazionale di san Luca and cooperation of the Commissioner of the Italian Government for the Expo and organized by Franco Purini and Uberto Siola, was held on the second floor of the Italian Pavilion in the VIP connected to the Auditorium where ARCHI_ITALIA in seminars organized by ICE, was presented the initiative. The building of the Pavilion - the only case of architecture completed in the Expo - which selects its referent in the type of Italian palazzo has a great side by a full height central space around which you deploy the exhibition spaces and service and by 'other irregular geometries internal analog reference to the game of Shanghai. Both of these 'characters' of the building that hosted the exhibition are devoted space: a sort of gallery nearly a hundred feet long, of variable width and vaguely trapezoidal in shape diamond with one of the two long sides characterized by the presence of two great height windows facing directly onto the 'short' Central and from which we can glimpse the presence of large escalator to the first floor and the 1:5 scale model of the dome of St.

Maria del Fiore in Florence. The wealth of space 'containing' is available, for counterpoint, ease and simplicity of a display that organizes the projects according to strict alphabetical order on the two long walls of the tunnel where the two plates slide side by side of each author - before the proposal the urban scale, then what defines the character of architecture - as a sort of 'double windows' overlooking ideally one hand on the chinese City of Tianjin and the other on Italy. The unifying element in the sequence 'varied' tables - with independent graphic expressions adopted by different authors - is, in addition to the scroll top, a red band of 1.5 cm separating the tables into two parts - of which the lower square in shape - that contains the author's name, city of origin and the names of co-autori/collaboratori

When they move to Rome at the headquarters of the Accademia di San Luca, the exhibition is enriched by additional drawings and models that, in the exhibition rooms, are located next to many original drawings, sketches, preparatory work that document, first , the initial stages of the work already done and, secondly, are testimony to the desire to go on to develop it.

viste dell'allestimento della mostra presso il Padiglione Italia - Expo di Shanghaj 2010

Architetti italiani per la città cinese. L'allestimento presso l'Accademia Nazionale di San Luca
Francesco Menegatti, Dina Nencini

Dopo l'esposizione all'Expo di Shanghai l'Accademia Nazionale di San Luca e i curatori della mostra hanno deciso di presentare anche presso le sale dell'Accademia Nazionale a Roma, i progetti dei quattordici architetti invitati.
Dopo aver optato per la riproposizione delle stesse tavole che sono state esposte in Cina è stato chiesto agli architetti di inviare se lo avessero desiderato, quei materiali, quali modelli e disegni autografi, che avevano prodotto durante l'elaborazione del progetto e che per ragioni espositive non erano stati presentati a Shanghai. Alcuni hanno colto l'occasione per una ulteriore riflessione sul progetto e hanno prodotto ulteriori disegni e modelli.
Le sale dell'Accademia a disposizione per la mostra sono tre. Questa divisione fisica dello spazio alle-

stitivo ci ha suggerito la possibilità di distinguere in tipologie di intervento i progetti raggruppandoli in tre insiemi. A questa suddivisione abbiamo affiancato l'idea di tenere compatta la presentazione dei lavori che sono distinti ma pensati in continuum nella disposizione all'interno delle tre sale. L'ingresso si trova nella sala al centro in cui sono collocate le tavole introduttive. Procedendo nella sala a sinistra si trovano i progetti di Bisogni, Bordogna, Monestiroli, Purini, Siola, Thermes; nella sala successiva, girando e tornando verso la sala centrale si incontrano i progetti di Anselmi, Derossi, Natalini, Semerani; nella sala a destra rispetto all'ingresso si trovano Braghieri, Carmassi, D'amato e Zermani.
Una video-intervista ai protagonisti affianca i materiali esposti.

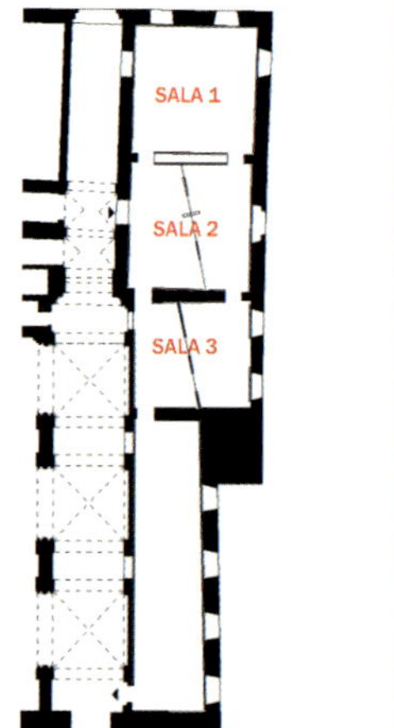

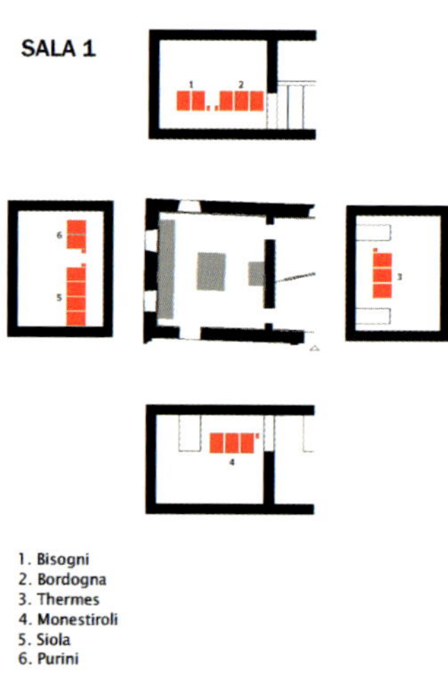

1. Bisogni
2. Bordogna
3. Thermes
4. Monestiroli
5. Siola
6. Purini

After the exibition at the Expo in Shanghai the Accademia Nazionale of San Luca and the exhibition curators have decided to present also in the halls of the Accademia Nazionale in Rome, the projects of the fourteen invited architects.

Having opted for the revival of those tables that have been exhibited in China was asked architects to submit if they wished to, those materials, such as models and original drawings, which were produced during the project development and exhibition grounds had not been presented in Shanghai. Some used the occasion for further reflection on the project and have produced more designs.

The halls of the Academia available for the show are three. This division of the exibition space suggested to us the possibility to distinguish the types of intervention projects under three sets. In this division we have supported the idea of holding the compact presentation of the works that are distinct but designed in the continuum of provision within three halls. The entrance hall is located in the center which are located in the introductory panel. Proceeding in the room on the left are the projects needs, Bordogna, Monestiroli, Purini, Siola, Thermes, in the next room, turning and returning to the central hall there are the projects of Anselmi, Derossi, Natalini, Semorani; room right are compared at Braghieri, Carmassi, D'Amato and Zermani. A video interview with the protagonists alongside the materials on display.

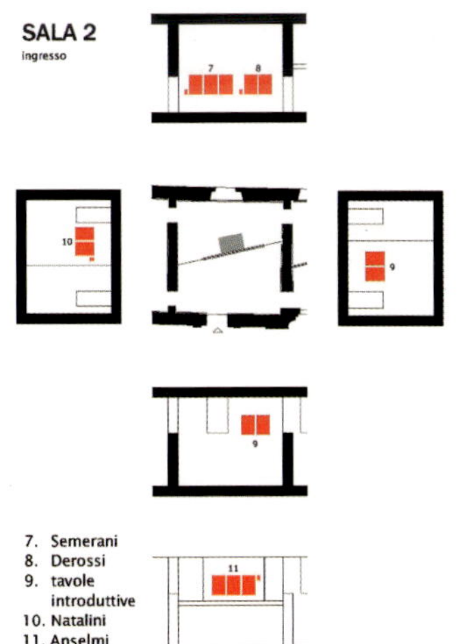

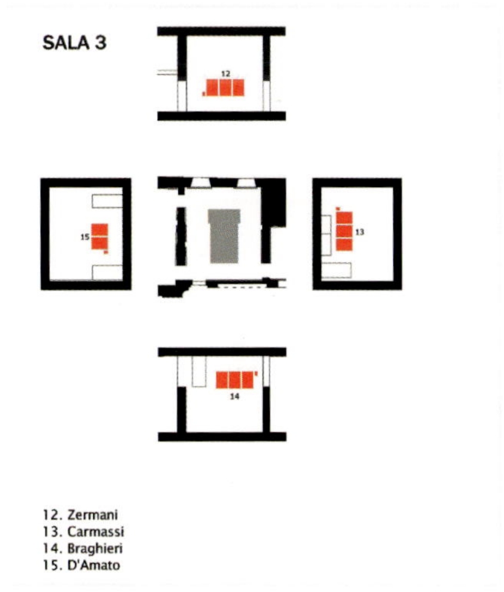

ITALIA
expo shanghai 2010
上海世博会意大利馆

Accademia Nazionale di San Luca

ARCHITETTURA ITALIANA PER LA CITTÁ CINESE

ITALIAN ARCHITECTURE FOR CHINESE CITIES

Designs for Ling Gang_Tianjin

edited by Franco Purini e Uberto Siola

Expo Shanghai 2010_Padiglione Italia_2010, September 21 - 30